股票指标共振

技术分析 与 实战应用

庞　堃◎编著

中国铁道出版社有限公司
CHINA RAILWAY PUBLISHING HOUSE CO., LTD.

图书在版编目（CIP）数据

股票指标共振技术分析与实战应用 / 庞堃编著.

北京 ：中国铁道出版社有限公司，2024. 12. -- ISBN
978-7-113-31708-9

Ⅰ. F830.91

中国国家版本馆 CIP 数据核字第 2024R8L346 号

书　　名：**股票指标共振技术分析与实战应用**
　　　　　GUPIAO ZHIBIAO GONGZHEN JISHU FENXI YU SHIZHAN YINGYONG

作　　者：庞　堃

责任编辑：杨　旭　　　编辑部电话：（010）51873274　　　电子邮箱：823401342@qq.com
封面设计：宿　萌
责任校对：苗　丹
责任印制：赵星辰

出版发行：中国铁道出版社有限公司（100054，北京市西城区右安门西街 8 号）
网　　址：https://www.tdpress.com
印　　刷：河北燕山印务有限公司
版　　次：2024 年 12 月第 1 版　2024 年 12 月第 1 次印刷
开　　本：710 mm×1 000 mm 1/16　印张：11.5　字数：170 千
书　　号：ISBN 978-7-113-31708-9
定　　价：69.00 元

前言

在股市中流行的技术指标众多，类型也十分丰富，比如成交量型指标、路径型指标、趋势型指标、停损型指标等，每种类型中都有一些具有代表性的指标。将这些指标有机结合起来，就能够形成共振。

指标共振技术也是一大特色，它可以让投资者多方位、更全面地了解当前行情的运行情况、未来可能发生的转折方向以及具体的买卖点位置。如果应用得当、取长补短，投资者获益的机会将大大增加。

不过取哪些指标进行共振？如何共振？共振形成后的操作点在何处？都是投资者需要逐一解决的问题。但在此之前，投资者最应当做的还是熟悉一些常用类型指标的基础用法。

为帮助投资者更好地实现指标共振，笔者编著了此书。书中包含成交量型指标、路径型指标、趋势型指标、停损型指标、均线型指标、超买超卖型指标共六大类，成交量指标、MACD 指标、DMI 指标、OBV 指标、布林指标、均线、GMMA 指标、KDJ 指标、RSI 指标、SAR 指标、CCI 指标共计 11 种技术指标。

每一种技术指标都有针对性的基础讲解，让投资者初步掌握其用法后，就会对其中某些具有互补性或是有研判优势的指标进行结合研判，再借助案例剖析其中的共振技术实战技巧。

全书共六章，各章包含以下内容：

第 1 章介绍成交量型指标和趋势型指标的共振应用，其中包含成交量指标、MACD 指标和 DMI 指标。

第 2 章介绍成交量型指标和路径型指标的共振分析，其中包含成交量指标、布林指标和 OBV 指标。

第 3 章介绍趋势型指标和均线型指标的共振技术，其中包含 MACD 指标、均线和 GMMA 指标。

第 4 章介绍均线型指标和超买超卖型指标的共振详解，其中包含均线、KDJ 指标和 RSI 指标。

第 5 章是超买超卖型指标和停损型指标的共振介绍，其中包含 KDJ 指标、SAR 指标和 CCI 指标。

第 6 章为综合实战章节，涵盖了前面介绍的众多指标，结合两段牛熊走势分析实操过程中的指标共振应用。

全书内容由浅入深、循序渐进，在讲解理论知识的同时融入了大量的典型实例，基于真实的行情走势细致分析，让读者感受各种应用技法在实际操盘中的具体应用。

最后，希望所有读者通过对书中知识的学习提升自己的炒股技能，收获更多的投资收益。但任何投资都有风险，也希望广大投资者在入市和操作过程中谨慎从事，规避风险。

庞 堃

2024 年 10 月

目 录

第 1 章　成交量型指标和趋势型指标共振应用

第 2 章　成交量型指标和路径型指标共振分析

第 3 章　趋势型指标和均线型指标共振技术

第 4 章 均线型指标和超买超卖型指标共振详解

第 5 章　超买超卖型指标和停损型指标共振介绍

第 6 章　多类别技术指标共振综合实战

第 1 章

成交量型指标和趋势型指标共振应用

股市中的技术指标众多，要让双指标共振达到理想效果，就需要选择合适的类型，成交量型指标和趋势型指标配合使用能起到很好的研判效果，本章就介绍几种常见的成交量型指标和趋势型指标的共振应用。不过需要注意，书中的理论知识需要结合实际走势进行分析，实战中不可死板按照理论进行操作。

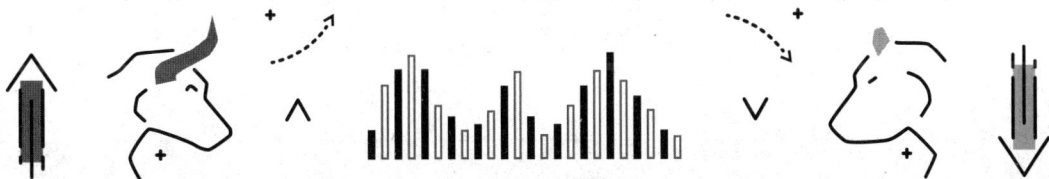

1.1 VOL 指标与 MACD 指标共振

在成交量型指标中，VOL 指标最具代表性，也是投资者在日常技术分析中最常使用的指标之一，它往往作为默认指标出现在主图 K 线界面下方。

而 MACD 指标则是趋势型指标中的一种，有着"指标之王"的美称。经过大量投资者的多年印证和使用，该指标早已成为技术分析的基础必用指标之一。本章将重点介绍这两大指标的共振使用方法。

1.1.1 两大指标的基础构成与用法

在学习两大指标的共振技术之前，投资者需要先充分了解这两大指标各自的含义、结构和基本的使用方法。

1. VOL 指标

成交量是一种供需的表现，指一个时间单位内某项交易成交的数量。在股市中，广义的成交量包括成交股数、成交金额和换手率，而狭义的成交量也是最常用的，仅指成交股数，即 VOL 指标所代表的含义。

股市成交量的变化反映了当日资金进出市场的情况，是判断市场走势的重要指标之一。可以说，成交量是股价波动背后的支撑，决定了未来市场可能的走势，许多技术指标的设计都要以成交量和股价的供需关系为依据。

在 K 线图中，成交量指当日开盘到收盘的这段时间内交易的股票总数，在 K 线图的下方以柱形呈现。成交量根据其上方对应 K 线的属性不同，分为红绿两色，即阴线对应绿色成交量，阳线对应红色成交量，柱形越长代表当日成交量越大，如图 1-1 所示。

从本质上来讲，成交量是市场中供求关系的一种表现形式，有买盘就有卖盘，有卖盘也必有买盘。成交量最终是买卖双方平衡的结果，每一笔成交满足的是买方的需求和卖方的供给。

当投资者普遍看好某只股票或某只股票有利好消息出现时，自然会有大量买入，持有该股票的人大多抱有持股待涨的心态，需求方力量强于供给方，买盘大于卖盘，股票价格被放大的成交量推动上涨。

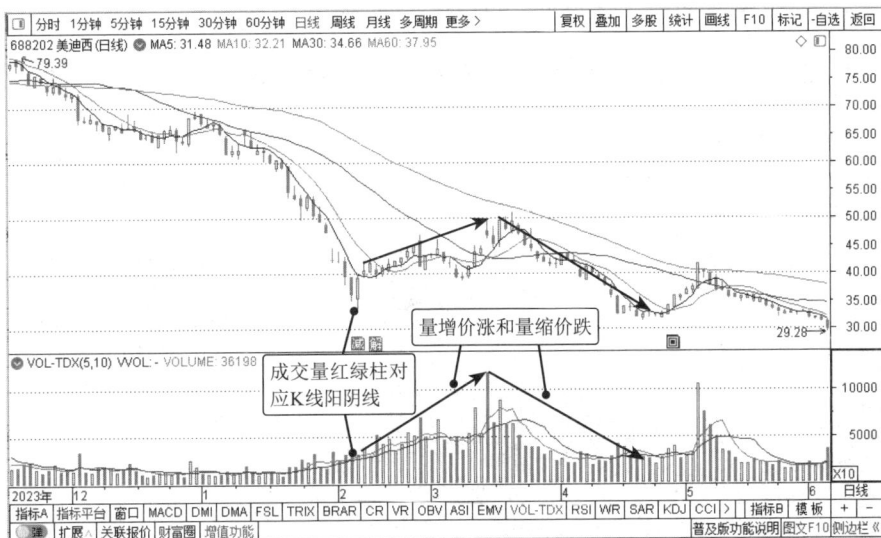

图 1-1　VOL 指标基本构成与使用

同理，如果投资者普遍看跌某只股票或某只股票有利空消息出现时，持股的人会抛售，空仓的投资者不会买入，供给方力量强于需求方，卖盘大于买盘，在成交量上就会出现明显的下降，从而导致股票价格的下跌。

在图 1-1 展示的部分量价关系中，就存在着这种量增价涨和量缩价跌的走势。

当然，量价关系远不止成交量与股价的配合关系，在实际操作中如量增价跌一般的量价背离也是非常常见的，这些都会在后文中与 MACD 指标配合进行逐一介绍。

2. MACD 指标

MACD 指标全称为平滑异同移动平均线，其运作原理主要是通过连续滚动比较一定周期内的涨速或跌速来判断当前上涨或下跌的趋势是否能够保持。

MACD 指标的运用范围非常广，能够对买进、卖出时机作出研判，对把握趋势性行情也有很好的应用效果,下面通过图1-2来了解其基本构成和用法。

图1-2为美迪西(688202)的一段K线走势。

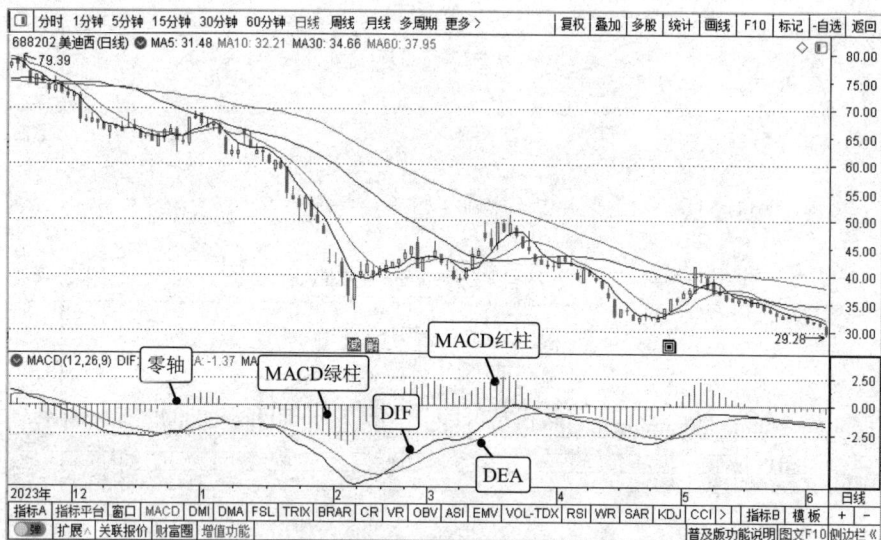

图1-2　美迪西K线走势中的MACD指标

从图1-2中可以看到,MACD指标与成交量一样,都是叠加在K线界面下方单独的指标窗口中的,主要由DIF、DEA、零轴和MACD柱状线构成。

其中,DIF是由快的指数移动平均线(EMA 12)减去慢的指数移动平均线(EMA 26)得来的,它对股价的反应速度较快,波动幅度也较大,因此是该指标中的重点研判对象。

DEA则是DIF的9日加权平均线,因此会跟随DIF进行波动,但无论是移动速度还是反应灵敏度都不如DIF,不过其稳定性是很好的,经常与DIF配合进行研判。

MACD指标的柱状线则需要与零轴搭配使用,是判断当前行情强弱情况的重要依据,具体内容如下:

①当柱状线处于零轴上方时,将呈现为红色,说明市场处于强势状态。

若红色柱状线被持续拉长，就意味着场内做多力量强大，股价短时间内可能出现一波上涨。

②当柱状线处于零轴下方时，将呈现为绿色，说明市场处于弱势状态。若绿色柱状线被持续拉长，就意味着场内做空力量强大，股价短时间内可能出现一波下跌。

有些时候，股价已经产生了方向性的变化，但 MACD 指标的柱状线依旧在原有方向上波动，这就与股价产生了背离。在这种情况下，投资者也可以分析出其他的信息和结论，具体内容将在后续进行讲解。

下面来了解如何将两个副图指标叠加进行共振分析。

在大多数炒股软件中，快捷键的应用是非常广泛的，有很多操作都可以通过快捷键进行。

在本节中，要将 MACD 指标和成交量两个副图指标叠加在一起进行共振分析，可以直接在 K 线界面中按【Alt+3】组合键，调出一个 K 线界面和两个副图指标，再分别选中副图指标窗口后，通过选择下方的指标选项卡中的"MACD"或"VOL-TDX"选项，将其切换为对应的指标选项即可。最后呈现出的效果如图 1-3 所示。

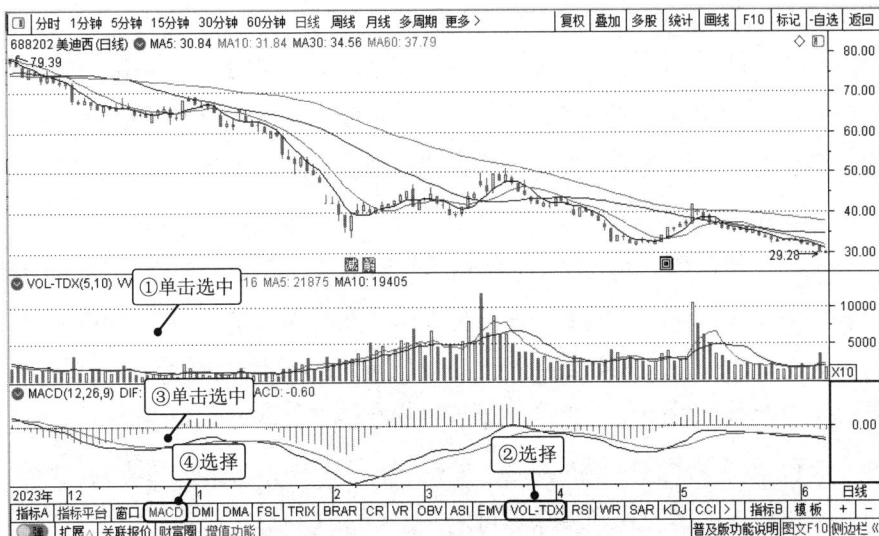

图 1-3　MACD 指标与成交量的叠加方式与效果

接下来，就正式进入 MACD 指标与成交量共振技术的学习中。

1.1.2　高位量缩价涨 +MACD 顶背离

前面提到过，成交量除了配合股价涨跌以外，还会与之产生一些背离形态，当这些背离出现在合适的位置时，将会形成意想不到的研判效果。本节所要重点展示的高位量缩价涨就是一种比较常见，但是十分高效实用的量价背离形态。

量缩价涨具体指的是当成交量量能出现缩减时，股价却呈现出相反的上涨走势。当其出现在股价高位时，往往说明场内多方的推涨力量开始衰弱，在失去支撑的情况下，股价涨势难以维持太久，行情随时可能见顶。

而 MACD 指标的顶背离本质上也是一种 DIF 与股价的走势背离，其作用与高位量缩价涨相当，具体是指在上涨行情的顶部，股价不断创出新高，波峰持续上移，但 DIF 的波峰却反向而行，呈下跌状态。

MACD 指标的顶背离是一种经过无数次市场实践验证，极为有效的逃顶形态。当其出现在行情的顶部时，传递的卖出信号非常强烈。但有些时候，MACD 指标的顶背离也会出现在阶段的顶部，往往是股价即将进入大幅回调的预兆。

尽管这两个指标在顶部形成背离并传递出同向信号，但是由于各指标的特点，它们形成背离的具体位置可能并不完全一致。有时候是量缩价涨先出现，有时候则是顶背离先形成，但只要二者距离不远，就可以视为共振成立，如图 1-4 所示。

当高位量缩价涨与 MACD 指标顶背离同时出现时，这已构成一个极为强烈的卖出信号。实际上，谨慎型投资者在发现其中一个背离形态后就应及时撤离，当发现两个看跌形态同时出现时更应该立即清仓。

但有些惜售型的投资者可能要等到下跌到来才会彻底死心卖出，因此投资者就要特别注意后续的发展。如果双看跌共振信号形成后不久又出现了成交量放大的情况，则意味着可能是主力和获利盘在借高出货，后市看跌信号强烈，即便是风险承受能力较强的投资者也应跟随离场。

技术图示 量缩价涨与 MACD 顶背离共振

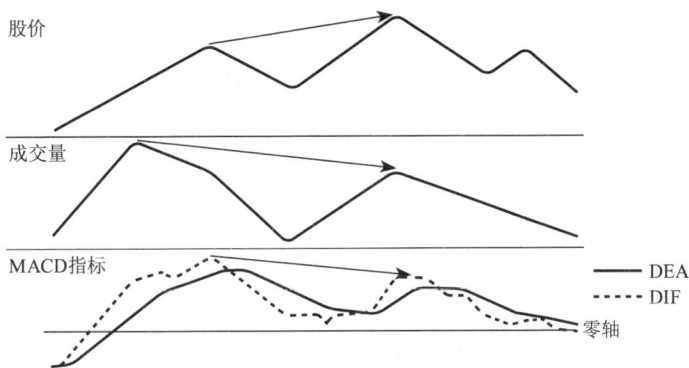

图 1-4 形态示意图

接下来通过真实的案例进行深入学习。

实例分析 大港股份（002077）量缩价涨 +MACD 顶背离共振

图 1-5 为大港股份 2022 年 10 月到 2023 年 3 月的 K 线图。

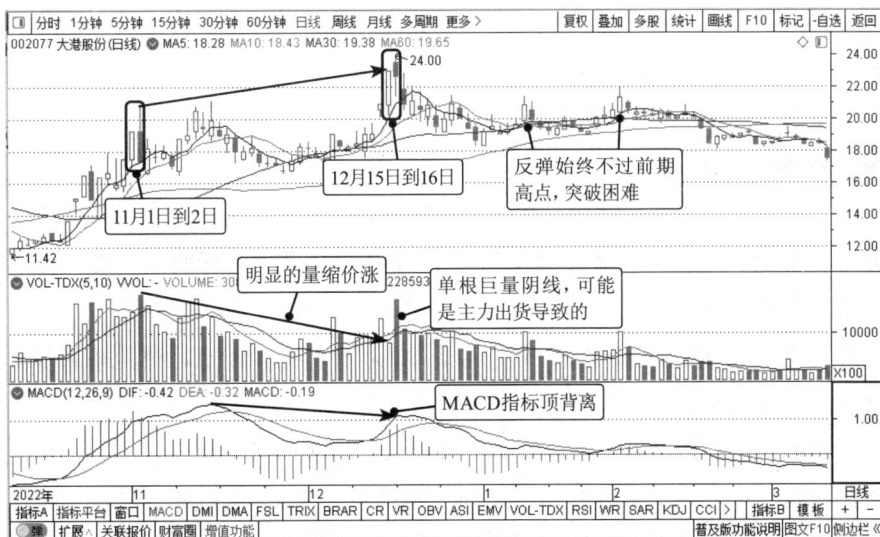

图 1-5 大港股份 2022 年 10 月到 2023 年 3 月的 K 线图

来看大港股份的这段走势，从中长期均线的表现可以看到，该股从 2022 年 10 月下旬开始逐步上涨，并成功突破到压力线之上。

在成交量的同步放量支撑下，经过半个多月的拉升，股价在进入 11 月后成功抵达了接近 20.00 元价位线的位置。不过该股在此受到压制后收阴下跌，随后回调数日才在 11 月初继续上涨，但没能成功突破前期压制线，在 11 月中旬再次开始回调整理。

而从回调过程中 30 日均线对股价的支撑表现来看，该股后续应当还有上涨的潜力。已经入场的投资者此时可以不着急卖出，还没买进的投资者则可以在回调低位建仓。

这时观察下面的两个副图指标可以发现，自从 11 月初股价开始回调之后，成交量就呈现出了比较明显的缩量整理状态，不过与回调走势还是比较契合的，因此并未传递出比较异常的信号。

至于 MACD 指标，也是随着股价的上涨而同步上扬到零轴之上，呈现出积极状态。不过随着股价的大幅回调，DIF 向下跌破 DEA 形成了一个高位死叉后向着零轴靠近。

这表示市场稍有看跌，两条指标线与股价走势也是契合的。只是这个高位死叉还是有一定的威慑力，风险承受能力较弱的短线投资者可以借此卖出，随后等待机会。

进入 12 月后不久，股价就再度开始收阳向上拉升，并成功在 12 月中旬突破到 20.00 元价位线之上。

这显然是一个积极信号，但观察成交量的表现可以发现，在股价突破的同时，量能虽然有所放大，但是相较于 11 月初的量能来说明显不及，因此与股价形成量缩价涨的背离。

再看 MACD 指标，可见 DIF 虽然成功向上突破了 DEA，但其高点相较于前期高点也是有所下移的，形成的是顶背离。

这时双指标看跌共振已经成形，并且它们形成的时间段非常统一，传递出的看跌信号也是十分强烈的。再加上股价在突破 20.00 元价位线后不久就开始收阴回落，投资者不得不假定大幅回调甚至下跌行情即将来临。谨慎型投资者应当立即卖出，惜售型投资者若认为证据不足，还可以进一步深入分析该走势中关键交易日的分时走势，以洞察主力的意图。

图 1-6 为大港股份 2022 年 11 月 1 日到 2 日，以及 12 月 15 日到 16 日的

分时图。

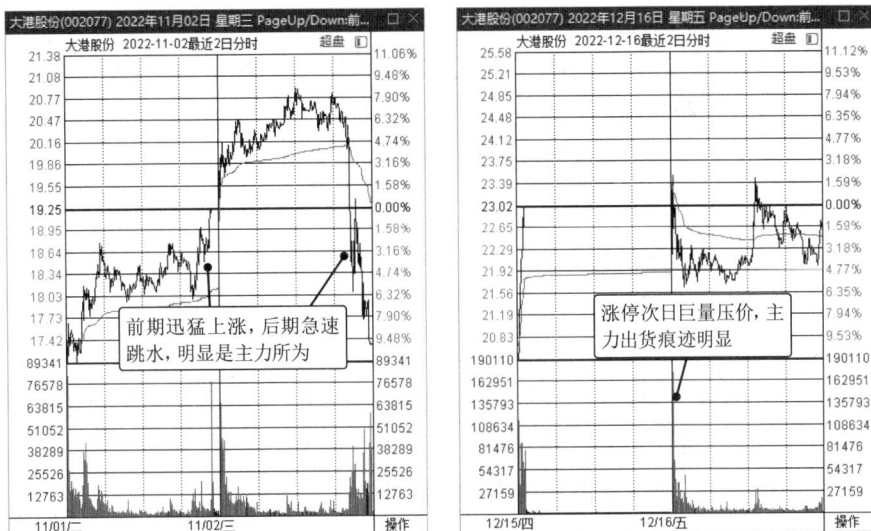

图 1-6 大港股份关键交易日的分时图

11 月 1 日和 2 日是股价上涨过程中第一次回调的阶段顶部关键交易日。从其分时走势中可以看到，在 11 月 1 日，股价仍处于震荡上涨状态，并且在临近收盘时还被一波大量能推到了涨停板上。

由此可见，市场推涨积极性是很高的，并且其中大概率也有主力在参与。毕竟如此突兀的大量柱一般都是主力大力注资造成的，散户很少会齐心协力形成这种效果。

在 11 月 2 日的早盘交易时间中，股价确实有良好的上涨表现，并且上涨稳定性还比较高。但从下午时段开始，该股就呈现出明显的突破困难状态，甚至在尾盘被一波大量能压制急速跳水下跌，短期跌幅超过 10%。

这在单日震荡幅度中已经是非常大的了，主力参与痕迹十分明显，其目的可能是在大批卖出回笼资金，也可能已经开始分批出货赚取收益。这时候投资者就要开始警惕起来，必要时清仓或减仓。

下面再来看 12 月 15 日和 16 日的状况，这两个交易日是股价最后一波成功突破 20.00 元价位线后的顶部关键交易日。从分时图中可以看到，在 12 月 15 日，股价一开盘就被大量能直线推到涨停板上，明显是主力所为。结合外部突破关键压力线的走势来看，十分具有看涨迷惑性，大量投资者就此被吸引追涨入场。

而在 12 月 16 日开盘的第一分钟，盘中就出现了一根巨大的绿色量柱，后续成交量也是持续活跃，将价格迅速压下。虽然单日跌幅不大，但成交量的表现已经充分说明主力可能正在进行出货。

回到 K 线图中观察，在 12 月 16 日收阴的当日，下方成交量急剧增大，相较于前几日的走势明显有异常。多方面信息结合来看，主力出货的可能性相当大。即便后续该股还有上涨潜力，一波深度回调也不可避免，投资者还是以卖出为佳。

根据 K 线图中后续的表现来看，股价多次向上突破都没能成功越过前期高点，可见上涨有困难，而且主力也不一定再愿意花费资金拉升，此时还未离场的投资者最好抓紧时间，趁着股价跌幅不大先行卖出。

1.1.3 高位量缩价平 +MACD 顶背离

量缩价平指的是在成交量缩减的情况下，股价却几乎维持在一定价位水平上下波动的现象。当量缩价平出现在高位时，大概率意味着股价上涨波幅已大，在遇到压力区时可能会进入滞涨，这表明买盘资金枯竭，无力再支撑上涨。

但这也不是绝对的，因为投资者无法确定股市中的买方是否会在这种横向震荡过程中逐渐聚集起一波新的力量，然后在量缩价平的后期突然放量，从而推动股价出现新的突破。因此对于大多数投资者来说，这种情况依旧意味着后续未知。

但如果在同一时期，MACD 指标出现顶背离，与股价的量缩价平形成双指标共振，股价就此见顶下跌的概率就会大大增加，如图 1-7 所示。

这就相当于一种 MACD 指标对量价不确定趋势的确认，投资者在发现共振信号后就可以先行卖出止盈，随后继续观望。即便判断失误，指标信号失真，投资者也可以在股价重新上涨的位置再度建仓，不会错过后续的拉升，这可谓是比较谨慎的一种操盘方式。

技术图示　量缩价平与 MACD 高点下移共振

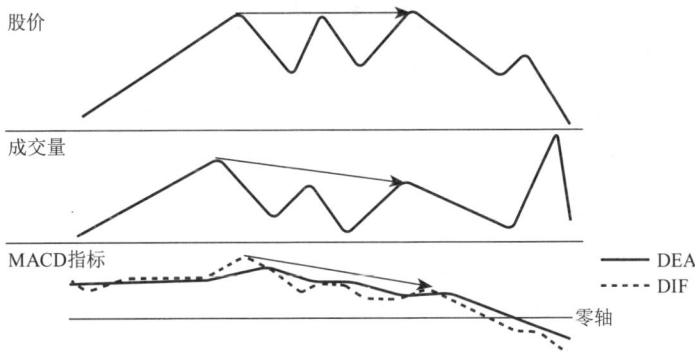

图 1-7　形态示意图

接下来通过真实的案例进行深入学习。

实例分析　德业股份（605117）量缩价平 +MACD 高点下移共振

图 1-8 为德业股份 2022 年 6 月到 2023 年 2 月的 K 线图。

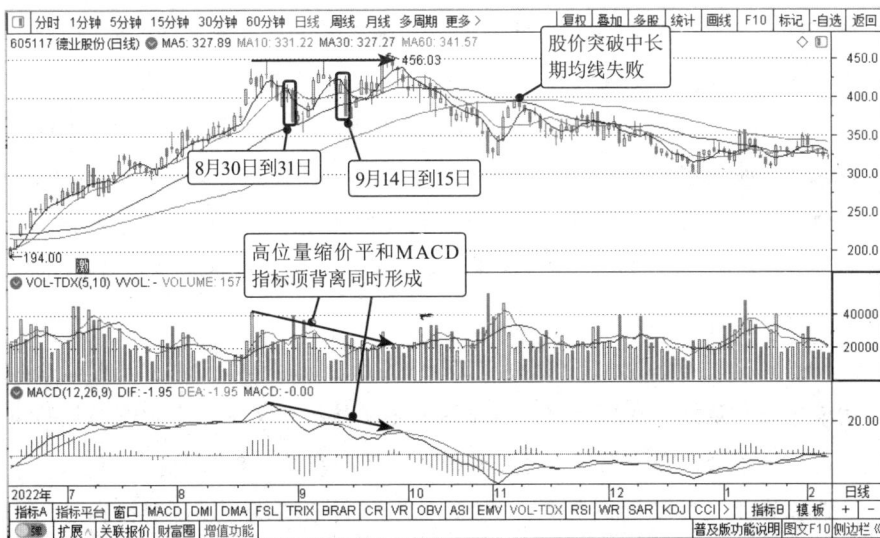

图 1-8　德业股份 2022 年 6 月到 2023 年 2 月的 K 线图

在德业股份的这段 K 线走势中，股价前期的表现已经充分说明市场追涨的积极程度，价格从 200.00 元价位线附近上升到接近 450.00 元价位线的位置，花费了两个月左右的时间。

如此积极的上涨吸引了大量投资者介入，但这些投资者只要仔细观察7月到8月的成交量表现就会发现，在股价持续上涨的过程中，成交量量能已经开始缩减，进而与价格形成量缩价涨的背离。这种背离出现在上涨途中，很可能是市场上涨动能不足，股价即将进入滞涨或是回调的信号。

并且在股价持续上涨的过程中，MACD指标的两条指标线在20线附近反复横向震荡，并未与之呈现出配合状态，而是形成一种被称为钝化的走势。这种走势尽管并不会释放出多么强烈的看跌信号，但也会配合量缩价涨的背离发出预警。所以投资者即便不着急立即卖出，也要保持谨慎。

在8月下旬，股价第一次上涨接触到450.00元价位线，在此受阻后回调到30日均线附近，然后在其上方得到支撑形成再一次的拉升。

然而这一次股价也没能突破450.00元价位线，可见这是一条关键压力线，未来该股是否还能有更好的表现，主要看K线对这条压力线的突破状态。

数日之后，股价在30日均线上得到支撑后重整旗鼓，继续上冲。但此次也只是小幅越过该压力线，最终还是收阴继续下跌。此时的30日均线离K线已经十分近，如果这一次股价未能突破成功，后续跌破30日均线乃至60日均线，可能就意味着下跌行情的到来。

这时投资者可能难以预测后续表现，但可以从成交量和MACD指标的表现来进一步观察。

先来看成交量，在股价第一波上涨到关键压力线附近时，成交量有明显放量，但后续的连续两次上探过程中，成交量表现都呈现出明显的缩减状态，形成高位量缩价平。

而在同一时期，MACD指标中DIF的高点也在持续下移，DEA已经转折向着零轴靠近，形成顶背离。虽然这并不是传统意义上完全背道而驰的顶背离，但是已经配合量缩价平的走势释放出了明确的反转信号。

那么即便这时股价还未跌破30日均线和60日均线，谨慎型投资者也应当迅速卖出，保持观望。惜售型投资者还可以进入关键交易日中进行进一步分析，比如股价两次下跌到30日均线上得到支撑时收出的两根特殊大阴线，就可以很好地表现出主力的意图。

图1-9为德业股份2022年8月30日到31日，以及9月14日到15日的分时图。

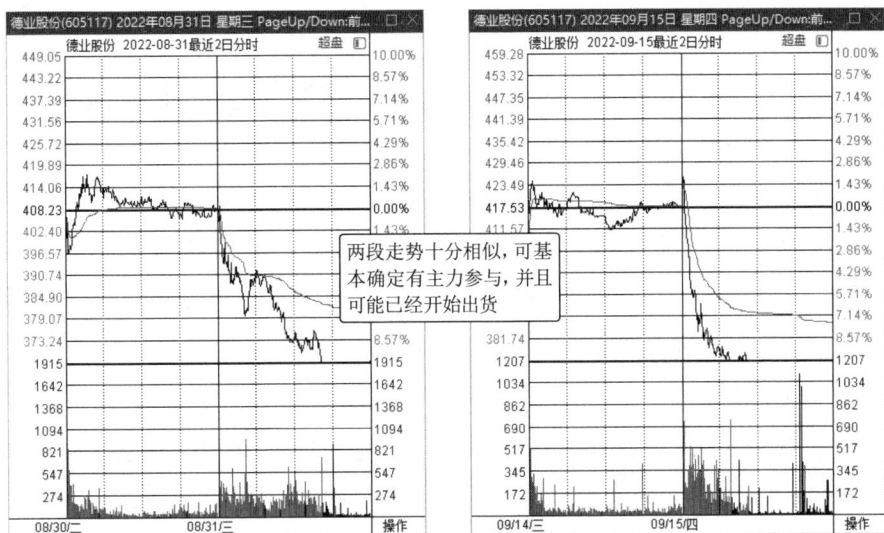

图 1-9　德业股份关键交易日的分时图

8 月 30 日和 31 日是股价第一次接触到 450.00 元价位线回调后，得到 30 日均线支撑的两个关键交易日。从分时走势中可以看到，在 8 月 30 日，股价线在开盘后还有一次积极的上冲，不过后续便小幅回落，一直横向震荡到收盘。到了 8 月 31 日，该股就明显受到成交量的放量压制而持续跳水下跌，最终以跌停收盘。

这种走势大概率是主力造成的，那么投资者就可以合理怀疑这是主力出货的表现。毕竟这时股价涨幅已高，主力在此出货或回笼资金也是很合理的。

继续来看 9 月 14 日和 15 日的分时走势，这是股价第二次回调到 30 日均线上得到支撑的关键交易日。从分时图中可以看到，这两日的分时走势与 8 月 30 日和 31 日的走势十分相似，都是在前一日稳定震荡，后一日跳水下跌，最终以跌停收盘。

这显然确定了主力在参与，而且其出货意图十分明显。那么结合 K 线图中多指标的共振表现来看，该股在后续极有可能连续跌破 30 日均线和 60 日均线，进入下跌行情。因此惜售型投资者也不可以再继续停留，最好先清仓出局，观察后续走势。若股价能再次上涨，还可以重新建仓。

但可惜的是，根据 K 线图中后续的表现来看，该股在跌破两条关键支撑线后虽有反弹，但没能成功突破，而是彻底进入下跌行情之中。这时投资者就不能再抱有幻想，此时还未离场的投资者要抓紧时间止损。

1.1.4　高位量平价涨 +MACD 三离三靠

量平价涨指的是在成交量变化很小，几乎保持在同一水平线上的同时，股价却在上涨的一种背离关系。

在行情高位出现的量平价涨，其含义与前面案例中提到过的量缩价涨比较类似，都是股价上涨乏力，即将见顶的表现。不过相较于量缩价涨，量平价涨的反转预警强度并不大，股价可能到达的是阶段顶部而不是行情顶部。此时，投资者就可以结合 MACD 指标来进一步判断。

MACD 指标的三离三靠形态是一种非常特殊的背离形态，具体指的是反应灵敏的 DIF 三次远离 DEA 又三次靠近 DEA 的走势。根据这两条指标线的不同位置关系，MACD 指标的三离三靠也分为四种类型，具体内容如下：

①DIF 在 DEA 上方的高位看涨三离三靠，即 DIF 连续三次向上远离 DEA，又三次向下靠近 DEA 的走势，并且形态大部分位于零轴上方。

②DIF 在 DEA 上方的低位看涨三离三靠，指标线表现与高位看涨三离三靠形态一致，但形态大部分位于零轴下方。

③DIF 在 DEA 下方的高位看跌三离三靠，即 DIF 连续三次向下远离 DEA，又三次向上靠近 DEA 的走势，并且形态大部分位于零轴上方。

④DIF 在 DEA 下方的低位看跌三离三靠，指标线表现与高位看跌三离三靠形态一致，但形态大部分位于零轴下方。

以上四种三离三靠的类型和含义从其名称中就可以看出。当 DIF 位于 DEA 上方，无论其是高是低，三离三靠发出的信号大多是看涨的。但需要注意的是，这种看涨是短期看涨，长期反而看跌。因为 DIF 往往在第三靠时就会向下彻底跌破 DEA，形成高位死叉，最终预示出下跌信号。

但这也并不是绝对的，有时候 DIF 会在第二靠时就跌破 DEA，有时候也会在第三靠形成之后都依旧位于 DEA 上方，因此投资者还是要根据实际情况具体分析。

那么 DIF 在 DEA 下方的三离三靠也是同样的，即短期看跌，但长期看涨。不过到底是否能够看涨，还是要观察 DIF 是否能在第三靠时突破 DEA 形成金叉。

　　本节所要重点介绍的，就是高位量平价涨与零轴上方的高位看涨三离三靠形态结合的指标共振，具体形态如图 1-10 所示。

技术图示　量平价涨与 MACD 三离三靠共振

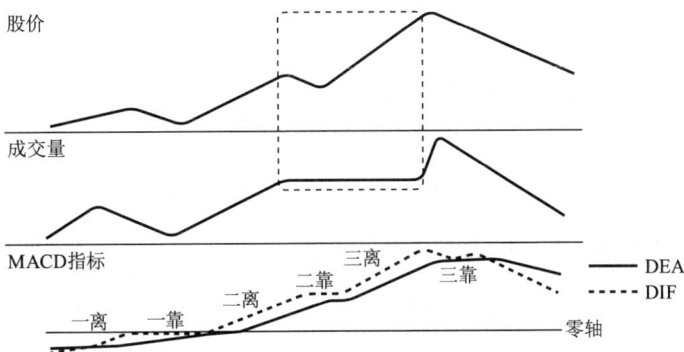

图 1-10　形态示意图

　　一般来说，MACD 指标的高位看涨三离三靠形态往往先于量平价涨形成，毕竟该形态所耗费的时间较长。不过投资者也不能从一开始就确定三离三靠成型，因此还是会在后期量平价涨出现之后才开始逐步分析 MACD 指标的背离走势，看是否有共振。

　　如果在股价上涨到后期量平价涨出现，MACD 指标也有形成三离三靠的迹象，那么股价就很有可能在某一时期进入高位滞涨状态，甚至直接转势下跌。在下跌的同时，DIF 大概率会跌破 DEA 形成高位死叉，这就是一个明确的卖点，投资者要学会把握时机，及时止损。

　　接下来通过真实的案例进行深入学习。

实例分析　工业富联（601138）量平价涨 +MACD 三离三靠共振

　　图 1-11 为工业富联 2024 年 1 月到 5 月的 K 线图。

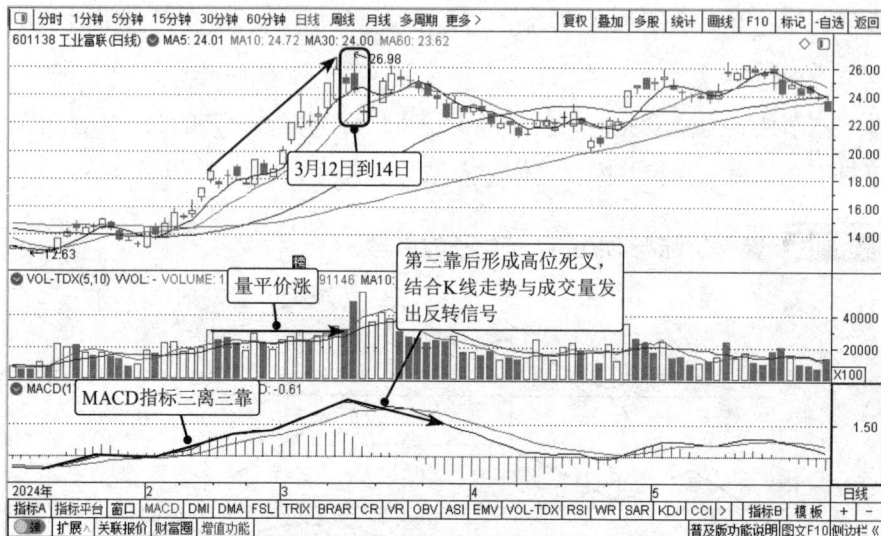

图 1-11　工业富联 2024 年 1 月到 5 月的 K 线图

如果单独观察工业富联的 K 线走势，投资者可能很难看出股价即将反转的端倪，毕竟在 2 月到 3 月中旬，该股自从突破中长期均线的压制后就呈现出了非常积极的上涨状态，期间仅进行过一次比较明显的回调，但也只是横向走平整理而已，后期的涨速还明显高于前期，可见已经有大量投资者被吸引介入。

但是观察这段时期的成交量表现可以发现，在前期股价未能突破中长期均线，多次向上试探的过程中，成交量是有逐步上涨推动的。但自从股价在 18.00 元价位线上受阻横盘整理之后，成交量就未能再有更好的表现。

尤其是在后续股价连续收阳向上接触 26.00 元价位线的过程中，量能几乎与前期保持持平，形成了量平价涨的背离。这时投资者可能还无法准确判断反转时机到底在何处，那么就要仔细观察 MACD 指标的表现。

从最下方的副图指标窗口中可以看到，2024 年 1 月，股价向上接触中长期均线的过程中，DIF 就已经成功突破到 DEA 之上，形成低位金叉并向上靠近零轴。

不过随着股价的回调，DIF 回落向下靠近 DEA。不久之后，股价成功向上突破中长期均线，DIF 在其带动下再次远离 DEA 并成功越过零轴。

2 月中旬，股价走平整理时，DIF 也横向走平靠近 DEA，并在 3 月初随着股价的继续上涨而又一次远离 DEA。

到了这时，DIF 已经三次向上远离，同时也两次向下靠近 DEA，三离三靠的雏形已经非常清晰，只差最后一靠就可以确定该形态是否成立。而在此时，成交量的量平价涨又进一步证实三离三靠形态成立的可能性。

那么当 K 线开始收阴向下，DIF 明显转折靠近 DEA 并有跌破迹象时，投资者就应当及时反应过来，转折点可能已经形成。谨慎型投资者最好立即出局，惜售型投资者还可以进入 K 线图中仔细分析。

图 1-12 为工业富联 2024 年 3 月 12 日到 14 日的分时图。

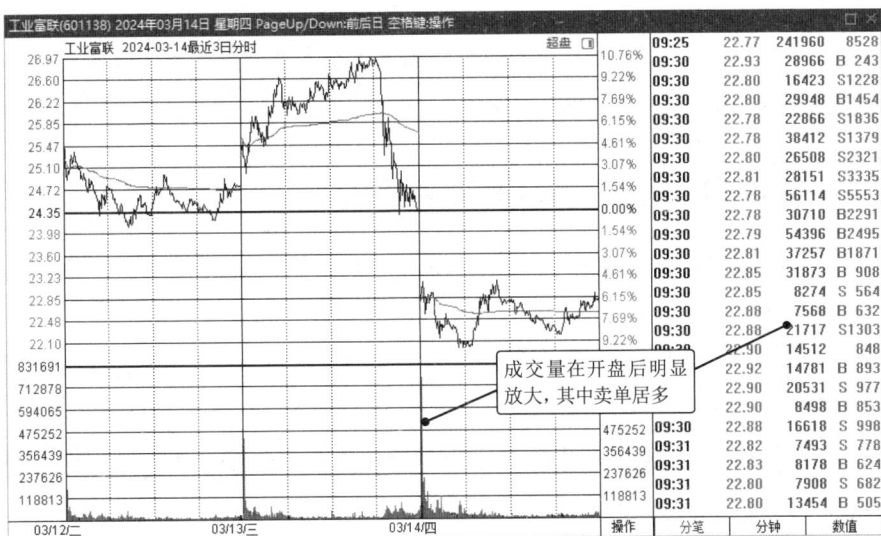

图 1-12　工业富联 2024 年 3 月 12 日到 14 日的分时图

3 月 12 日到 14 日是股价创出新高后开始收阴下跌的三个关键交易日。其中，3 月 12 日是收阴的第一天，从分时图中可以看到，股价在开盘后就出现了震荡下跌，并且开盘前期成交量活跃度也是比较高的，市场卖盘表现积极。

到了次日，即 3 月 13 日，虽然股价在开盘后持续震荡上升，但根据后续尾盘的跳水下跌表现来看，这大概率是主力吸引买盘入场接手出货筹码的陷阱。当日的成交量相较于前日更加活跃，并且在下跌过程中，卖盘主动性明显更强。

3 月 14 日就更明显了，股价直接跳水向下开盘，并且在开盘第一分钟出现巨大的量柱。从右侧的分笔交易数据窗口中可以看到，第一分钟内卖盘是占据较大优势的，主力出货痕迹非常明显。再加上 K 线图中股价下跌幅度较大，投资者最好还是卖出。

回到 K 线图中继续观察，可以看到在 3 月 14 日之后，K 线还是有连续收阳向上的走势。看似是积极信号，但当其接触到 26.00 元价位线后就继续下跌了。

有经验的投资者不难看出，这又是主力设置的多头陷阱，目的是吸引更多的买盘挂单入场后承接自己手中散出的筹码，达到出货目的，这一点在前面的走势分析中已经有所体现。

而且此时 DIF 也已经向下跌破 DEA 形成高位死叉，MACD 指标三离三靠形态已经成立。结合前期量平价涨的背离走势来看，共振看跌信号清晰，投资者不可再停留。

1.1.5　高位量增价跌 +MACD 死叉下行

量增价跌指的是在成交量不断上涨的同时，股价不增反跌的量价形态。当其出现在高位反转之后，成交量的放大往往代表着大量获利盘在抛盘兑利，随着交易量的不断上升，股价在一波波压价中呈现出下跌走势，是一个比较强烈的卖出信号。

而在此之前，MACD 指标大概率已经在高位形成了一个死亡交叉，即 DIF 向下跌破 DEA 的走势，如图 1-13 所示。

技术图示 **量增价跌与 MACD 死叉的共振**

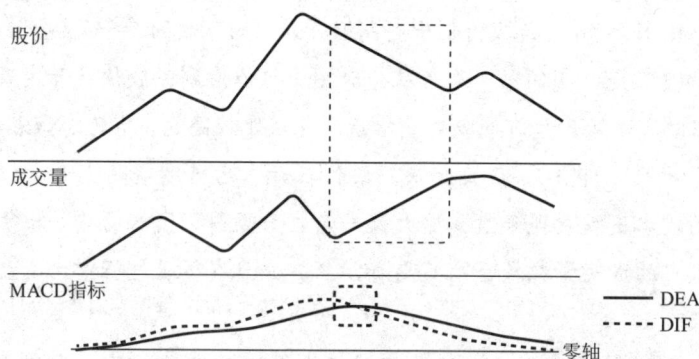

图 1-13　形态示意图

　　MACD 指标的死亡交叉预示着转折点的出现，而量增价跌背离预示着下跌行情的确定和延续。即便未来不是下跌行情，也可能是一波深度回调，对于短线投资者和风险承受能力较弱的中长线投资者来说，依旧是不可错过的卖出机会。

　　接下来通过真实的案例进行深入学习。

实例分析 **川发龙蟒（002312）量增价跌 +MACD 死叉共振**

　　图 1-14 为川发龙蟒 2022 年 5 月到 10 月的 K 线图。

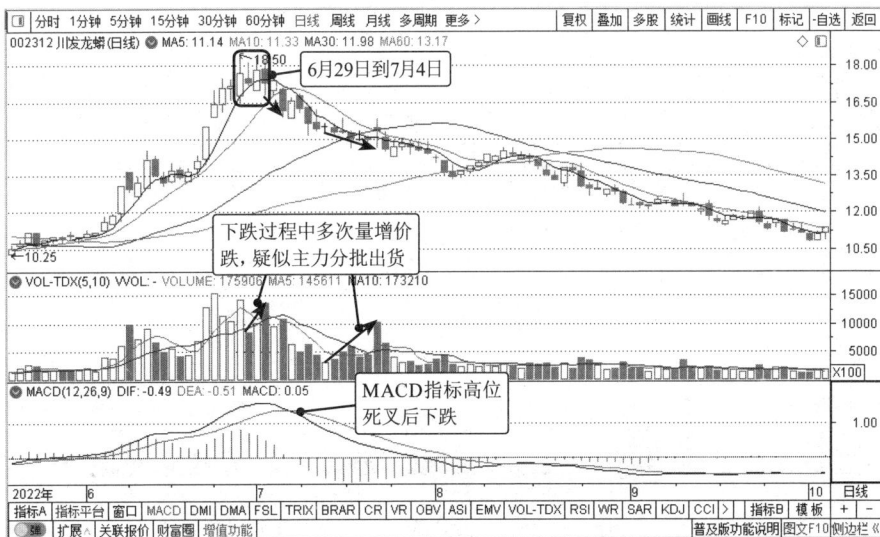

图 1-14　川发龙蟒 2022 年 5 月到 10 月的 K 线图

　　从图 1-14 中川发龙蟒的股价和成交量表现可以看到，在股价转势下跌之后，量增价跌的背离其实出现了两次，虽然每次持续时间并不长，但都可以表现出卖盘持续压价，着急出货的意图，下面就逐步从前往后进行分析。

　　先来看上涨过程中的表现，股价在上涨过程中的短期涨速是比较快的，但在期间的回调中，单日收阴幅度也比较大。

　　在此期间，成交量有过一次明显放大压价，即 6 月初的一次。不过那时股价上涨幅度还比较小，大概率是主力在震仓而已，而且放量也只有那一天，投资者可不必理会。

　　到了后期，该股向上冲击 18.00 元价位线的过程中，成交量有积极放量支撑，而且 MACD 指标中的两条指标线也是在波动向上，释放出积极看涨信号。这段时间内投资者就可以继续追涨加仓。

但到了上涨后期，也就是 8 月底，成交量能明显回缩，与持续上升的股价形成量缩价涨的背离，这显然是一种警示信号。

待到该股创出 18.50 元的新高后，K 线开始横向震荡，并且交错收出阴阳线。在这几个交易日的分时走势中也有一些异常情况出现，投资者可以进入分时图中进行分析，如图 1-15 所示。

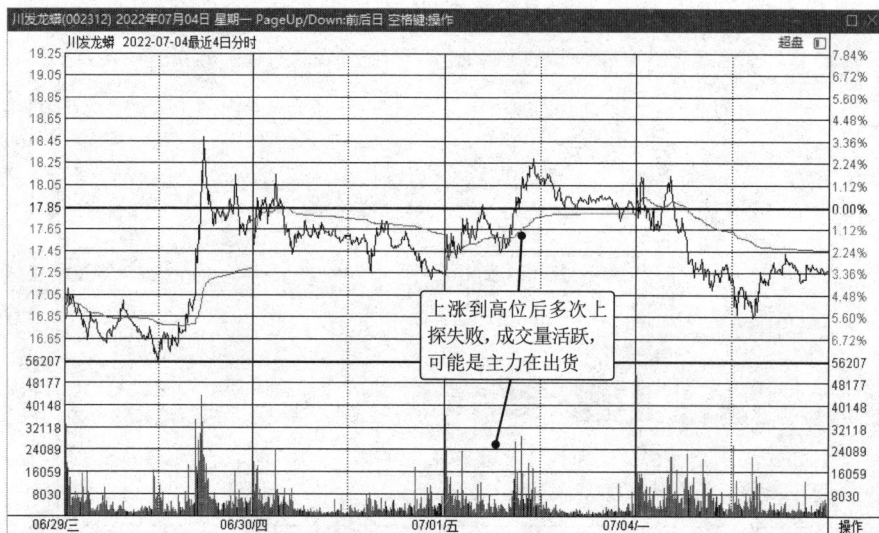

图 1-15　川发龙蟒 2022 年 6 月 29 日到 7 月 4 日的分时图

图 1-15 展示的是川发龙蟒在上涨到高位后横向震荡的四个交易日。从其分时走势中可以看到，在 6 月 29 日股价经历了前期震荡下跌之后，下午时段出现直线拉升，成交量明显放大推动，显然是主力所为。虽然当日最后稍微下跌，以稍低的价格收盘，但 K 线呈现出阳线是确定的，很多投资者也还在注资追涨。

6 月 30 日，股价明显开始震荡下跌，当日收出阴线。尽管这种走势在 7 月 1 日得到了遏制，股价再次向上运行，但依旧没能彻底突破 18.00 元价位线的压制，表现出冲高回落状态，最终小幅下跌收盘。

7 月 4 日的股价更是快速向下跳水，当日收出阴线，成交量中卖盘活跃度较高，可见大概率是主力在压价出货。

回到 K 线图中观察不难看出，从 7 月 4 日之后，股价就开始明显跌落到 16.50 元的关键支撑线下方。并且在连续三日的下跌中，成交量表现出持续上涨，形成一个短期的量增价跌形态。

尽管量增价跌只有三日，但这是出现在疑似反转的过程中，其传递出的警示信号会被大大加强。而且此时观察 MACD 指标不难看出，DIF 已经开始走平并向下靠近 DEA，有形成高位死叉的迹象。

随着后续下跌的持续进行，在接近 7 月中旬时，股价开始穿越 30 日均线的支撑。与此同时，成交量明显放大，形成又一个量增价跌的背离。而且此时 DIF 已经跌破 DEA 形成高位死叉了，这说明转折彻底成形，指标共振信号也已经成立。

结合 K 线彻底跌破 30 日均线的表现来看，该股很可能即将进入下跌行情或是深度回调之中，投资者还是要及时止损卖出。

从后续的走势来看，股价落到 60 日均线得到支撑形成反弹，但最终也没能成功向上越过 30 日均线，还是进入了持续且稳定的下跌行情之中，此时还未离场的投资者可能会遭受较大损失。

1.1.6　低位量增价跌 +MACD 绿柱抽脚

若量增价跌出现在行情低位，那么股价可能已经经过一段长时间的下跌，或底部长时间的盘整。此时主力为了获取更多的低位筹码，会采取边压价边吸货的手段，造成股价走势出现量增价跌。然而，随着买盘的逐渐增多，成交量与股价开始同步上升，这种现象便会消失。这种量增价跌的现象是底部的买入信号。

至于 MACD 指标绿柱抽脚形态，就要从 MACD 指标柱状线与 MACD 指标线之间的关系说起。

在前面的指标基础讲解章节中提到过 MACD 指标柱状线的颜色变化与零轴的位置关系，但没有提到红绿柱线到底是因何变化的。

其实，MACD 柱状线的长度和 DIF 与 DEA 之间的距离有关，当 DIF 与 DEA 拉开距离，MACD 指标柱状线就会被拉长。

若 DIF 位于 DEA 上方，柱状线会呈现红色，并位于零轴上方。若

DIF 位于 DEA 下方，柱状线就会呈现绿色，并位于零轴下方。

若 DIF 与 DEA 拉开距离，柱状线就会向着对应方向延伸。当 DIF 与 DEA 产生交叉，其位置的变化就会导致 MACD 指标柱状线红转绿或是绿转红。

本节所介绍的 MACD 绿柱抽脚，就是当 DIF 位于 DEA 下方时，若 DIF 向上靠近 DEA，MACD 指标的绿柱就会向着零轴缩短，这就被称为抽脚。

这其实是一种提前预示信号，意味着场内多方可能开始发力，导致 DIF 下跌速度减缓，并开始与持续下降的 DEA 靠近。

但这种信号并不强烈，单独观察更是无法提供有效的转折说服力。但如果在同一时期，成交量与股价出现了量增价跌的背离，形成的指标共振就更能证实主力在低位吸筹，如图 1-16 所示。

技术图示 **量增价跌与 MACD 绿柱抽脚共振**

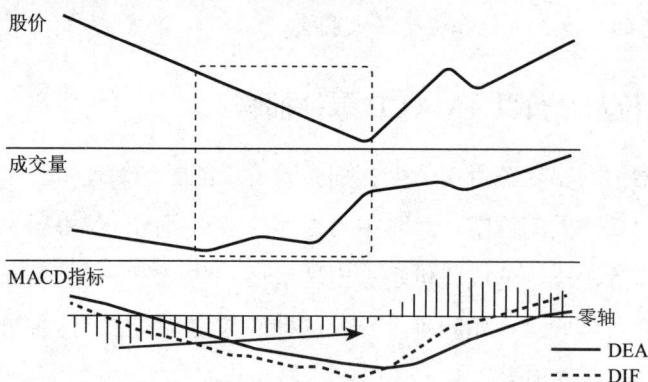

图 1-16　形态示意图

待到主力吸筹完毕，就可能进行一波新的拉升。因此投资者可以不着急买进，但要保持关注，待到股价彻底进入上涨后再介入更加安全。

接下来通过真实的案例进行深入学习。

实例分析 **五洲新春（603667）量增价跌 +MACD 绿柱抽脚共振**

图 1-17 为五洲新春 2023 年 12 月到 2024 年 4 月的 K 线图。

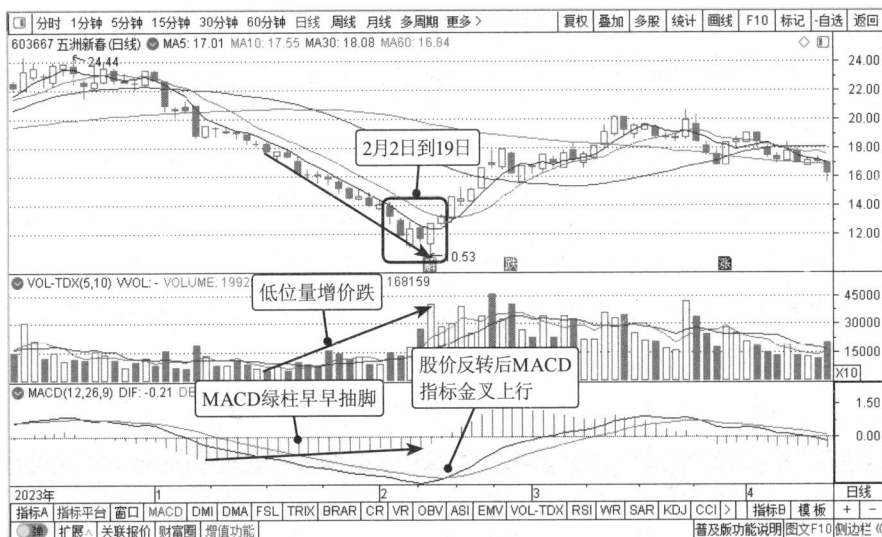

图 1-17　五洲新春 2023 年 12 月到 2024 年 4 月的 K 线图

在五洲新春的这段走势中，股价前期下跌的速度还是比较快的。在 2023 年 12 月，该股已经呈现出高位滞涨状态，中长期均线与 K 线的靠近意味着转折即将到来。

进入 2024 年 1 月初后，K 线就连续收阴并快速跌破中长期均线的支撑，进入下跌趋势之中。在此期间，成交量表现其实并不活跃，只有在股价下跌的时候有过两次比较明显的放量，可见场内有大量获利盘在抛售，场内投资者要及时撤离。

在 1 月中旬到 2 月初这段时间内，K 线下跌的速度非常恒定。5 日均线和 10 日均线与 K 线呈现出平行状态，期间该股几乎没有任何可圈可点的反弹。因此投资者在此期间不可长久停留，场外投资者更是不能轻易介入。

但观察这段时间的成交量表现可以发现，成交量其实有逐步上升的走势。短期来看并不明显，但将周期拉长，上升的幅度还是比较大的，量增价跌背离明显。

再来观察 MACD 指标的表现，在股价跌破中长期均线的同时，两条指标线也跌破了零轴，进入空头市场之中。DIF 早已落到 DEA 之下，导致 MACD 柱状线翻绿。

但随着下跌的持续进行，DIF 下降速度逐渐减缓，与持续下跌的 DEA 开始靠近，MACD 绿柱早早出现抽脚走势，与低位量增价跌的背离形成指标共振。

然而，尽管两个指标都释放出后期看涨的信号，但是当前价格依旧处于持续的下跌之中，投资者最好不要轻举妄动，而是继续观察上涨是否会到来，这时低位震荡过程中股价线的表现就成了重中之重。

下面就来观察股价下跌到 10.00 元价位线上方不远处时，低位震荡过程中的分时走势。

图 1-18 为五洲新春 2024 年 2 月 2 日到 19 日的分时图。

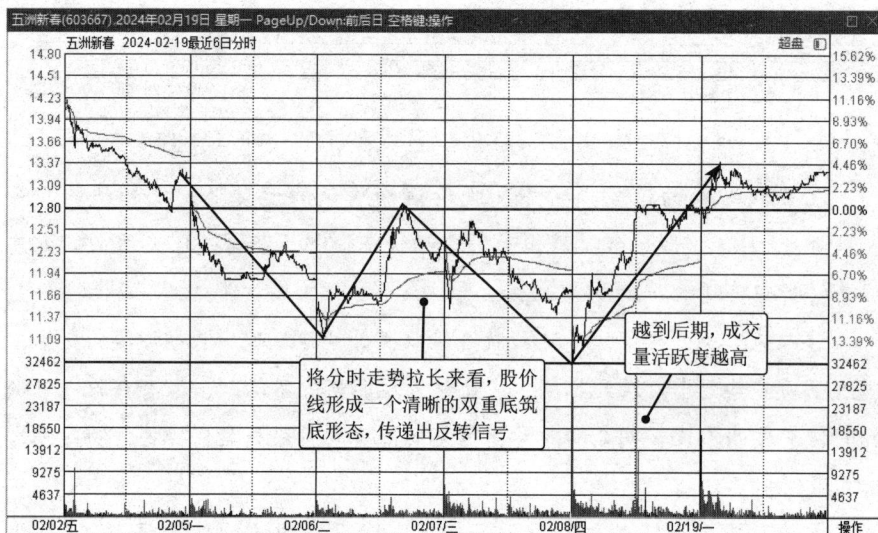

图 1-18　五洲新春 2024 年 2 月 2 日到 19 日的分时图

其实单独观察图中每一个交易日的分时走势，都没有特别的点，只是股价落到低位反复下探得到支撑而已。但是将周期拉长来看，不难看出该股在这六个交易日中形成了一个清晰的双重底形态。

这是一种低位筑底反转形态，意味着股价在某一支撑线上多次试探后确定了下方支撑性，若后续股价线能够突破中间波峰的高点，就有形成拉升的潜力。这种走势在 K 线图中和分时图中都可能形成，构筑时间越长，信号强度越大。

而这种多日分时图联合构成的双重底筑底形态，就是一个非常明确的反转预示。再结合成交量的逐日活跃度增加和 K 线图中的两个指标共振看涨信号，投资者基本可以确定个股未来将进行一次强势反弹。但上涨行情是否到来还未可知，因此这里的买点只适合激进型投资者参与，并且介入时的仓位不能过重。

回到 K 线图中继续观察后续的走势，可以看到在这六个交易日之后，该股确实出现了连续收阳向上的状态，并且在数日之后成功突破 30 日均线，回踩也没有将其跌破。

在上涨的过程中，MACD 指标构筑出低位金叉后持续向上靠近零轴，并在股价突破 60 日均线的同时成功越过零轴来到了多头市场之中。

尽管后续该股并没有突破 20.00 元价位线的压制，后续横盘滞涨最终下跌，但这一波反弹给投资者带来的收益也是比较可观的。不过前提是投资者要及时卖出才可以，否则可能得不偿失。

1.1.7　低位量平价平 +MACD 低点上移

量平价平指的是在一段时间内，股价在一个价格区间内小幅震荡，同时成交量也基本维持在同一水平，高点几乎持平的一种量价同步状态。这通常表明当前的行情不明，且短时间内不会有太大的转变，多空双方暂时维持一种平衡状态，等待市场出现转势信号。

其实无论量平价平出现在何种位置，传递的含义基本都是一样的，只是后续变盘后发展的方向有所不同而已。这个时候投资者就要依靠 MACD 指标的表现及当前行情的位置来确定后市可能的转折方向。

MACD 指标的低点上移很好理解，主要看的还是 DIF 的低点，它往往出现在许多特殊走势中，比如指标的二次金叉、看涨三离三靠等形态都包含了 DIF 的低点上移走势，并且这些形态也都会发出短期看涨的信号，这说明股价大概率会在走平结束之后向上转折，如图 1-19 所示。

投资者在这种情况下还是有机会继续盈利的，不过谨慎型投资者最好还是在股价彻底回归上涨后再介入。

技术图示 量平价平与 MACD 低点上移共振

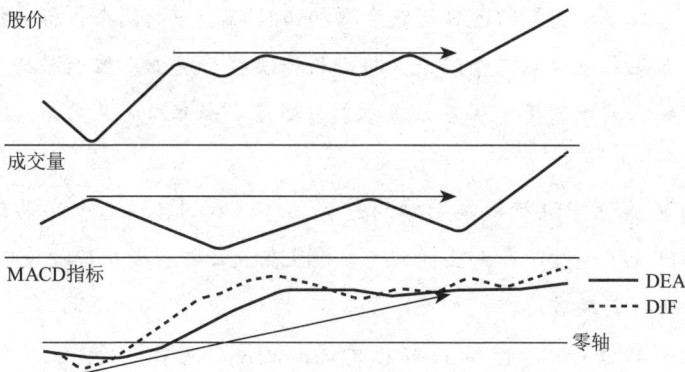

图 1-19　形态示意图

接下来通过真实的案例进行深入学习。

实例分析 奥特维（688516）量平价平 +MACD 低点上移共振

图 1-20 为奥特维 2022 年 4 月到 7 月的 K 线图。

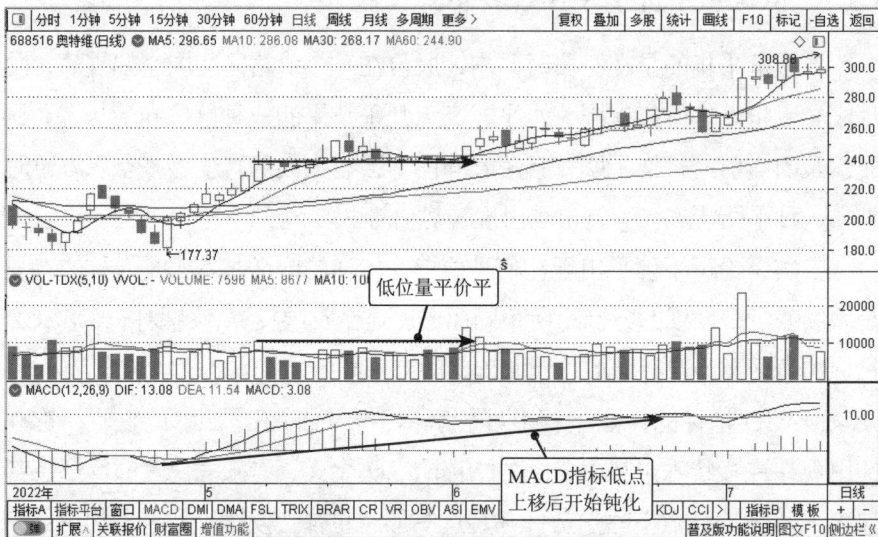

图 1-20　奥特维 2022 年 4 月到 7 月的 K 线图

在奥特维的这段走势中，股价在 2022 年 4 月还在横向震荡，与中长期均线纠缠在一起。但自从创出 177.37 元的低价后，K 线就开始持续收阳向上，并且在成功越过中长期均线的压制后也突破了 220.00 元价位线的限制，进入一段新的上涨之中。

在此期间，MACD 指标也受其影响形成一个低位金叉后突破零轴，MACD 红柱拉长，呈现出积极状态。

股价在第一次接触到 240.00 元价位线后，明显开始横向走平并多次尝试突破，这时成交量稍有回缩。但随着后续股价在 240.00 元价位线上的反复小幅震荡及后续的长期横盘，成交量波动的幅度开始逐渐恒定，并整体走平，与股价形成低位量平价平的形态。

很显然，这是多空双方正在角逐，暂时无法压制对方而呈现出的平衡状态。这时投资者就不可以轻易买卖，而是要借助 MACD 指标的表现进行进一步判断。

从图 1-20 的副图指标窗口可以看到，MACD 指标线运行到 10 线附近后，开始横向波动。这是一种被称为高位钝化的走势，意味着股价正处于稳定且持续的状态中，是一种看涨信号。

并且 DIF 的低点相较于前期是明显向上抬升的，配合股价的量平价平来看，大概率意味着后续该股依旧会沿着中长期均线上扬的轨迹而上升。因此投资者就要保持耐心，等待横盘的结束。

从后续的走势可以看到，该股在 6 月初就开始收阳向上脱离走平状态，并成功在 6 月中旬之后突破 260.00 元价位线的压制，来到更高的位置，也为及时买进的投资者带来了更多的收益。

这时 MACD 指标依旧处于高位钝化之中，意味着股价正在持续稳定上涨。只要钝化能够继续保持，投资者就可以一直持股，随后选择合适的位置出货，即可赚取这一波涨幅收益。

1.1.8　低位量增价涨 +MACD 金叉上行

量增价涨可谓股市中最为常见的量价关系了，是指随着成交量的持续放大，价格不断地上涨，二者呈同步状态。

这种量价关系常见于比较稳定的上升行情中，是买盘资金加速入场、上涨动力十分充足的标志。一般来说，只要这种量价关系稳定地保持下去，上升行情就不会突然结束。可以说，这种量价关系是投资者把握升势持续性的重要线索。

如果量增价涨能够出现在股价转折上涨之后，那么传递出的买进信号将会更加强烈，因为投资者在此介入的成本较低，未来的收益空间也会扩大。不过前提还是投资者能够确定股价真的形成了转折，而不是一次微不足道的反弹。这时投资者就可以借助 MACD 指标的表现来进一步观察。

指标的低位金叉是一个很好的参考，在金叉形成后，量增价涨再出现，就可以基本确定上涨行情或是强势反弹的到来，如图 1-21 所示。

技术图示 量增价涨与 MACD 金叉上行共振

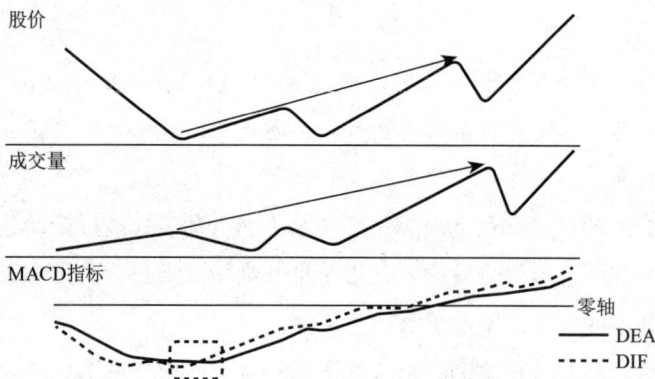

图 1-21　形态示意图

但投资者在买进后也要持续关注未来股价对中长期均线的回踩，以及 MACD 指标突破零轴的表现。若股价跌破中长期均线或是指标无法成功越过零轴，那么这一波反弹带来的收益也不会太高，投资者要更加快速地卖出，以免反遭损失。

接下来通过真实的案例进行深入学习。

实例分析 西子洁能（002534）量增价涨 +MACD 金叉上行共振

图 1-22 为西子洁能 2022 年 3 月到 8 月的 K 线图。

从图 1-22 中可以看到，西子洁能的这段涨跌趋势反转的速度不快，因此留给投资者的分析时间非常充裕，低位的长期震荡也可以让投资者有更多的机会降低买进成本。

先来看下跌期间的表现，在下跌过程中，股价收阴幅度比较大，下跌速度也是很快的，这导致均线组合呈现出空头排列形态（即中长期均线在上，短期均线在下，且均线互不交叉的一种看跌形态）。

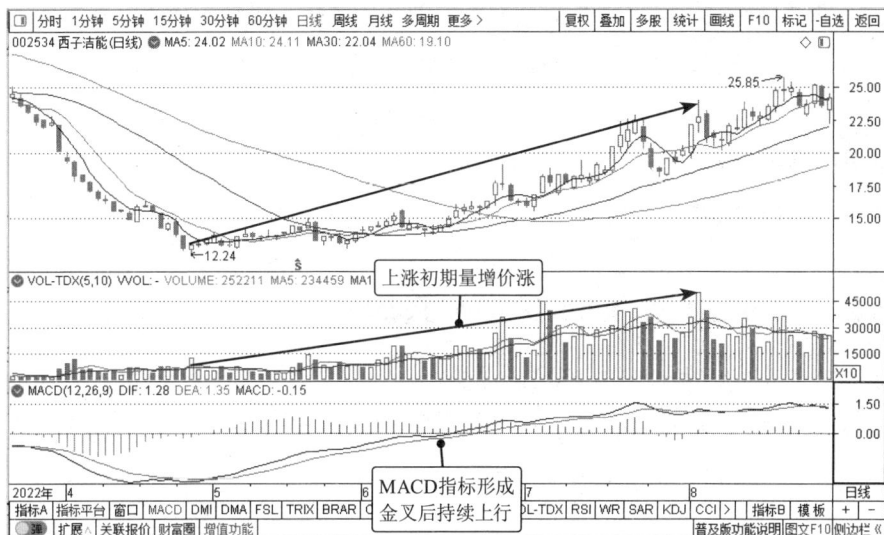

图 1-22　西子洁能 2022 年 3 月到 8 月的 K 线图

在此期间，成交量有过一次放量压价，说明其中可能有主力在参与吸筹，当然也有可能是前期被套盘在集中出货。无论是哪种情况，投资者都不能在下跌过程中参与，否则容易被套半山腰。

这样的走势一直持续到了 2022 年 4 月下旬，股价在创出 12.24 元的新低后明显转折向上，导致 5 日均线和 10 日均线产生交叉，破坏了空头排列的形态。当日成交量也有明显放量，但随后几日还是小幅缩减，因此看涨信号并不强烈。

但观察下方的 MACD 指标可以发现，当 K 线成功突破两条短期均线的同时，DIF 向上突破 DEA 形成一个低位金叉。

这是一个转折预示，并且在后续 DIF 也是长期在 DEA 上方运行。尽管此时成交量并没有表现出明确的放量，但是积极信号已经发出，投资者可以对该股保持一定的关注。

随着时间的推移，股价逐渐靠近 30 日均线，并成功在 5 月底越过该压力线。与此同时，MACD 指标线也已经来到比较靠近零轴的位置，成交量也相较于前期呈现出放量状态，上涨初期的量增价涨初步形成。激进型投资者此时已经可以开始建仓，但谨慎型投资者最好还是等待60日均线被彻底突破的时机。

这样的时机出现在6月中旬，股价成功在成交量密集放量的推动下越过60日均线的压制，并且带动MACD指标突破零轴来到多头市场之中。

而在此之后，股价上涨的速度明显加快，成交量放量幅度也有所增加，量增价涨和MACD指标线持续上行的共振信号更加强烈，这时谨慎型投资者也可以迅速建仓买进了。

1.2　VOL指标与DMI指标共振

DMI指标又称动向指标或趋向指标，也是趋势型指标的一种，但其用法与MACD指标大相径庭，因此会从许多新的角度与成交量产生指标共振，从而指导投资者买卖。

该指标的基本原理是通过分析股价在上升及下跌过程中供需关系的均衡点，即供需关系受价格变动的影响而发生由均衡到失衡的循环过程，从而提供对趋势判断的依据。

简单来说，就是在股票价格涨跌过程中，通过股价创出的新高或新低来研判多空力量，进而寻求买卖双方的均衡点。

DMI指标共包含四条指标线，分为多空指标PDI、MDI和趋向指标ADX、ADXR两组。当市场行情趋向明显时，指标效果会更加理想。

DMI指标线的具体含义和用法如下：

PDI：上升方向线；MDI：下降方向线。

ADX：趋向平均值；ADXR：ADX的多日平滑均线。

N：统计天数；M：间隔天数（一般为14、6）。

①PDI线从下向上突破MDI线，显示有新多头进场，为买进信号。

②PDI线从上向下跌破MDI线，显示有新空头进场，为卖出信号。

③ADX值持续高于前一日时，市场行情将维持原趋势。成交量多数时候呈现配合状态，即上升行情中成交量持续放量，股价保持上涨，为看

涨信号；下降行情中成交量持续缩量，股价保持下行，为看跌信号。

④ADX 值递减，降到 20 以下且横向行进时，市场气氛以观望为主。成交量波动幅度变小，股价表现为盘整。

⑤ADX 值从上升倾向转为下降时，表明行情即将脱离原有趋势，成交量会有相应异动。上升行情反转或回调时，成交量放量压制股价下降；下降行情反转或反弹时，成交量放大导致股价上涨。

⑥当 ADX 下穿 ADXR 形成死亡交叉，预示上涨行情将终结。此时股价可能出现滞涨，成交量从相对高点缓慢回缩；或者二者同时冲高回落，构筑倒 V 形顶（一种筑顶反转形态）。

⑦当 ADX 上穿 ADXR 形成黄金交叉，预示下跌行情将结束。此时股价可能出现低位盘整，成交量从低迷状态缓慢放大；或者成交量放量打压，股价构筑 V 形底（一种筑底反转形态）。

图 1-23 展示的是西子洁能一段 K 线走势中的 DMI 指标。

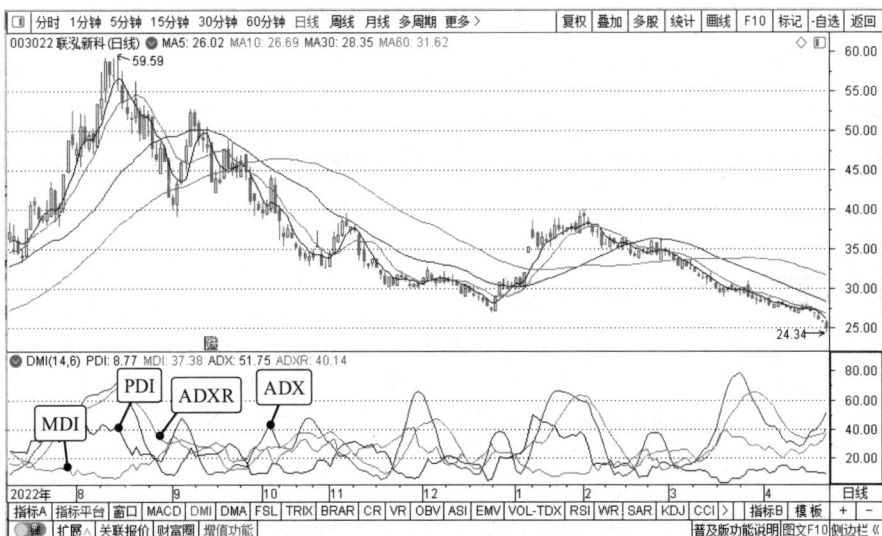

图 1-23　西子洁能 K 线图中的 DMI 指标

虽然 DMI 指标整体看来稍显复杂，四条线纠缠在一起更不好分辨，但对于普通投资者来说，只需要用好其中两条指标线即可，即 ADX 线和 ADXR 线。

它们的基础用法在上文中已有体现，敏锐的投资者可以发现，DMI 指标的交叉形态与 MACD 指标中的非常相似，都有黄金交叉和死亡交叉。并且当死叉出现在较高位置或是金叉出现在较低位置时，其释放出的买卖信号会更加强烈，不过前提还是要结合成交量及整体行情综合分析。

下面就进入成交量与 DMI 指标共振的学习中。

1.2.1　顶部巨量反转 +ADX 线转折

顶部巨量反转指的是在股价上涨的高位区域，成交量突然相较于前期有明显异常放量，同时股价也创出新高。但随后股价上涨疲软，形成冲高回落之势，预示着行情即将反转，股价见顶。

单凭短短数日的巨量反转可能无法说服投资者立即出局，这时候就要借助 DMI 指标了，其中的 ADX 线是关键研判线。

这里所说的 ADX 线转折指的是 ADX 线高点走势的变化。当股价趋势沿着某一方向持续稳定运行时，ADX 线的高点应当是渐次上移的。

但当行情发生转折，比如由上涨转为下跌，那么 ADX 线的高点就可能会在下一次明显向下，进而形成一个强势反转信号。毕竟单靠 ADX 线的单次转折很难确定真正的行情反转位，但靠高点的上下移动就会确定得比较清晰，如图 1-24 所示。

技术图示 巨量反转时 ADX 线转折

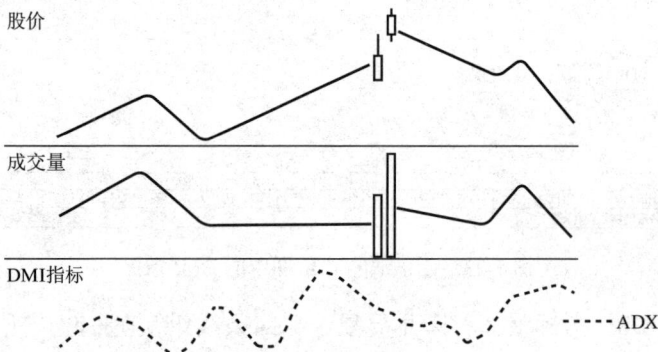

图 1-24　形态示意图

投资者遇见这种情况一定要警惕，如果个股在随后出现了一段时间的回调，则投资者可以借助回调趋势尽快平仓出逃或减仓观望，否则容易被套住，翻盘遥遥无期。

接下来通过真实的案例进行深入学习。

实例分析 石英股份（603688）巨量反转 +ADX 线转折共振

图 1-25 为石英股份 2023 年 12 月到 2024 年 7 月的 K 线图。

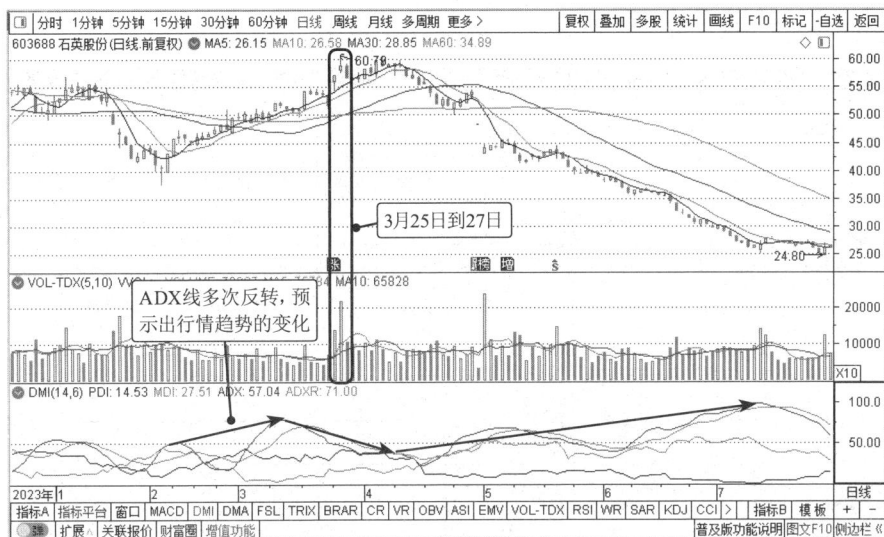

图 1-25　石英股份 2023 年 12 月到 2024 年 7 月的 K 线图

在石英股份的这段走势中，行情的变化其实非常清晰和干脆，不过投资者要抓住其中的转折点也不是那么容易的，要借助多角度分析。

首先来看上涨阶段中成交量的表现。在 2024 年 2 月到 3 月，该股的上涨走势非常稳定，5 日均线和 10 日均线都承托在 K 线下方，并且二者自从形成金叉上行后就没有产生过接触，可见其上升趋势向好。

但观察这段时间内成交量的表现可以发现，在该股持续上涨的过程中，量能其实是整体走平的，与之形成的是量平价涨的背离。根据前面章节所学的内容来看，这里的量平价涨可能是股价即将到达顶点的警示信号，但具体何时到达投资者尚不清楚，因此需要继续观望。

在此期间的 DMI 指标其实也表现出了一定的趋势性，自从股价转势上涨后，ADX 线的高点就出现了明显上移，说明当前行情稳定，投资者还可以继续持股。

这样的走势一直持续到了 3 月底，在 3 月 25 日和 26 日，K 线突然收出两根向上跳空的阳线，并成功创出 60.79 元的新高。

与此同时，成交量也在这两日表现出明显的异常放量，尤其是 3 月 26 日的成交量大幅越过了前期高点，很显然是有主力在参与的。那么这时投资者就要进入分时图中仔细分析。

图 1-26 为石英股份 2024 年 3 月 25 日到 27 日的分时图。

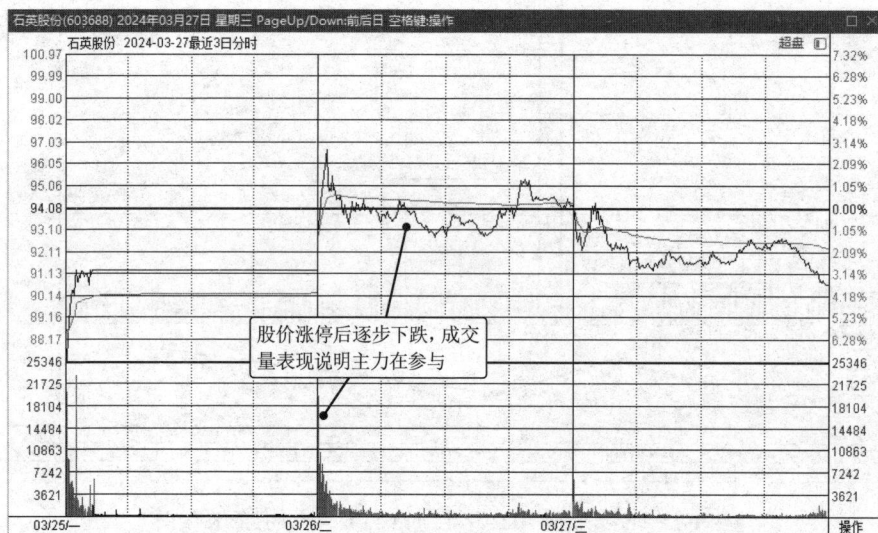

图 1-26　石英股份 2024 年 3 月 25 日到 27 日的分时图

来看 3 月 25 日到 27 日的分时走势。在 3 月 25 日的分时图中，股价自开盘后就出现了直线拉升，很快便冲到涨停板上，并最终收出一根涨停阳线。当日开盘后的成交量活跃度非常高，在临近股价涨停时，成交量还形成过一根巨量量柱，明显是主力注资推动导致的。

再来看 3 月 26 日的表现，股价在开盘后也出现了一次快速上冲，但并没有成功来到涨停板上，而是小幅回落，最终以稍低的价格收出一根阳线。

当日开盘后的前半个小时内成交量活跃度也是非常高的，但为何股价没有直接涨停呢？可能是因为主力的意图并不在于快速推涨，而在于借高出货。这样的手段在前面的案例中已经解释过了，也就是主力在股价上涨到高位后，通过快速推涨的方式吸引大量买盘入场，以接收自己散出的出货筹码。

根据 K 线图中的巨量反转形态及前期量平价涨的警示信号来看，主力借此机会大批出货的可能性还是比较高的。这一点在 3 月 27 日也有证实，因为股价已经开始逐步下降了。

回到 K 线图中继续分析，在此之后该股虽然还在继续缓慢上升，但是上涨到 60.00 元价位线后就没有再实现突破，而是在高位反复震荡数日，最终收阴快速下跌靠近 30 日均线。

与此同时，观察 DMI 指标中 ADX 线的高点状态，不难发现在 4 月初股价停止高位滞涨开始收阴的同时，ADX 线的高点出现明显下移，形成清晰转折，配合成交量的巨量反转产生共振。

随着股价跌破中长期均线的走势，ADX 线高点开始上升，代表着当前行情趋势正在延续，也就是说下跌行情将在未来持续下去，这就是一个明显的看跌信号。

但显然到此时，股价已经下跌到了比较低的位置，如果谨慎型投资者能够在成交量巨量反转之后及时醒悟卖出，就不必等到此时再止损。

当然，对于一些风险承受能力较强的投资者来说，到了此时再确认行情反转，进而卖出的话也不会有太大影响，毕竟有时候巨量反转信号也是会失真的，具体情况还要具体分析。

1.2.2　高位放量压价 +ADX 线死叉

高位放量压价其实就是高位量增价跌，即股价在反转之后，主力大批出货及获利盘大量集中抛售导致的股价快速下跌。这个时候如果 ADX 线向自上而下跌破 ADXR 线形成高位死亡交叉，就会与成交量产生指标共振，形成强烈的卖出信号，如图 1-27 所示。

这种信号其实与高位量增价跌和 MACD 指标高位死叉的共振有着相似之处，投资者可以类比分析，采取相似的策略进行操作。

但是 ADX 线也可能产生一些特殊的转折走势，比如上一节案例中所展示的高点下移后又上移，这一点就与 MACD 指标截然不同了，投资者可借此辅助分析。

技术图示 放量压价时 ADX 线死叉

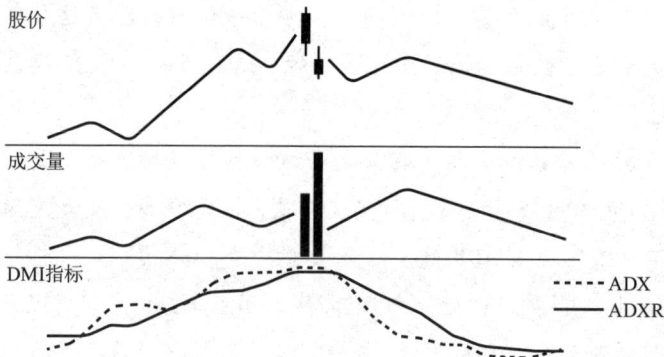

图 1-27　形态示意图

接下来通过真实的案例进行深入学习。

实例分析 新乡化纤（000949）放量压价 +ADX 线死叉共振

图 1-28 为新乡化纤 2024 年 3 月到 6 月的 K 线图。

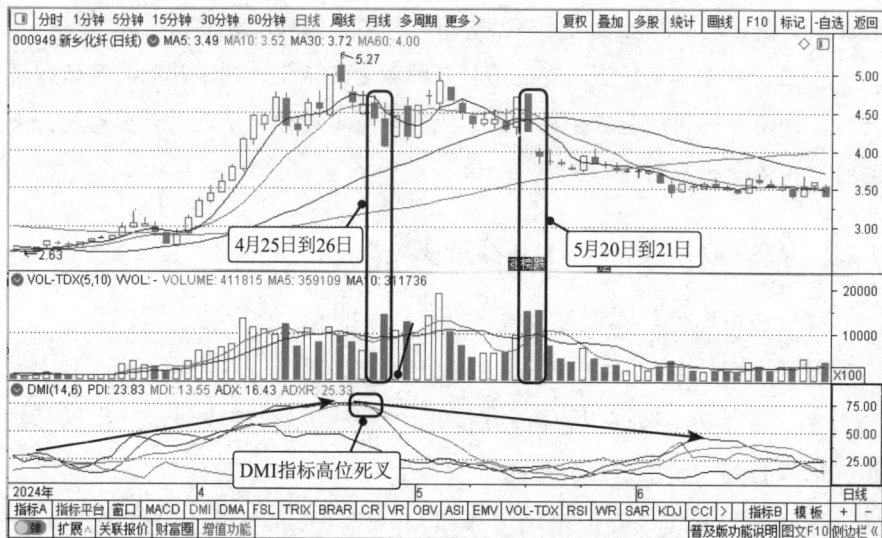

图 1-28　新乡化纤 2024 年 3 月到 6 月的 K 线图

从图 1-28 中可以看到，新乡化纤的股价在 2024 年 3 月到 4 月仍处于上涨状态。在 3 月，该股大部分时间都处于 60 日均线的压制之下，在反复尝试后，终于成功于 3 月底形成了突破。

　　后续股价更是连续收阳上涨，成交量也呈现出放量推动状态，市场积极性很高。在此期间，DMI 指标的高点也有明显上移，可见上涨趋势良好，投资者可以介入。

　　进入 4 月后不久，股价先是在 4.50 元价位线上受到阻碍后小幅回调两个交易日，后续继续上冲。但这一次的上涨速度不如前期，在创出 5.27 元的新高后，该股明显转折向下靠近 30 日均线，短期跌幅较大。

　　而在股价受阻回调到再次上冲的过程中，成交量已经开始出现明显缩减，形成量缩价涨的高位背离。同一时期内，ADX 线明显走平并靠近 ADXR 线，有形成死亡交叉的迹象。

　　这是股价上冲动力不足，可能即将下跌的警示信号。那么当成交量在 4 月 26 日明显放量，压制股价收出大阴线，ADX 线也自上而下跌破 ADXR 线形成高位死叉的同时，投资者就要谨慎小心了，下面进入分时走势中进行详细分析。

　　图 1-29 为新乡化纤 2024 年 4 月 25 日到 26 日，以及 5 月 20 日到 21 日的分时图。

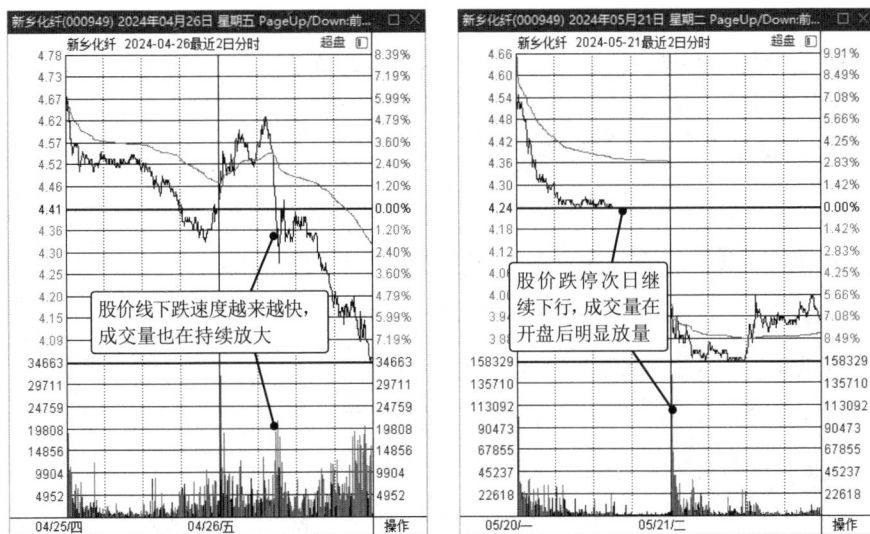

图 1-29　新乡化纤关键交易日的分时图

　　从 4 月 25 日和 26 日的分时图中可以看到，股价在这两日内分别形成了不同程度的下跌，其中 4 月 26 日的成交量活跃度明显更高，在开盘后就有大量柱形成，临近收盘时更是密集放量，最终导致该股跌停。

结合 K 线图中前期量缩价涨的背离来看，这一波快速下跌极有可能意味着深度回调的到来，甚至是下跌行情的形成，那么谨慎型投资者必要时就要清仓卖出了。

下面回到 K 线图中继续观察。根据后续的走势可以看到，该股在 4 月 26 日之后其实还能继续上涨，但是在 5.00 元价位线上受到阻碍后未能突破前期高点，随后继续向下跌落到 30 日均线附近，并在 5 月 20 日和 21 日形成明显的放量压价。

再看 5 月 20 日和 21 日的分时图，可以发现股价在这两日下跌的幅度更大了。5 月 20 日，该股以跌停收盘，并且开盘后的成交量明显高于 4 月 26 日。5 月 21 日该股更是跳空向下开盘，虽然最后有小幅回升，但也没能收出阳线，当日成交量活跃度更甚，主力出货痕迹明显。

此时观察 DMI 指标可以发现，ADX 线和 ADXR 线都已经下跌到了较低的位置，虽然期间没有构筑出明显的高点，但指标线的走势已经说明了当前行情的转折。

再加上股价在 5 月 20 日和 21 日已经明显跌破 30 日均线，后续也有跌破 60 日均线的走势，投资者已经可以不用再停留了。

1.2.3 地量涨停 +ADX 线上扬

一般情况下，在股价涨停的当日或当时，成交量都会呈现出明显的放量状态，但有一种情况非常特殊，那就是一字涨停，即股价在当日的开盘价、最高价、最低价和收盘价都是同一个价格。换句话说，个股当日是以涨停开盘，又以涨停收盘，期间没有开板交易。

这会导致 K 线呈现出一个一字，没有实体也没有影线。在这种情况下，当日成交量就可能呈现出明显的缩减，形成地量。

这时投资者可能就要疑惑了，既然股价都已经涨停，成交量应该非常活跃，买盘应该非常多才对，为什么是地量呢？其实这和交易规则有关。

在股市中有一个原则，即"时间优先，价格优先"。也就是说，在同一个价格上挂出的买卖单，先挂出的成交；在买盘方向挂出的，价格越高越先成交，在卖盘方向挂出的，价格越低越先成交。

而当股价涨停时，盘中会挂出大量的买单，但是很显然，会在股价涨停时挂出卖单的相对较少，而投资者又不能挂出更高的价格优先买进，这就导致有大量买单堆积在涨停价上。只要卖盘无法消化这些买单，价格就无法向下跌落，因此成交量骤减，最终形成地量一字跌停。

但是成交量的缩减并不意味着市场看跌，因为这是交易规则导致的，实际上市场高度看涨该股。如果地量一字跌停是在上涨期间或是上涨初期形成的，那么投资者完全可以跟随挂单，尽早交易建仓。

若在此时，DMI 指标中的 ADX 线能够持续上扬，就更能证实上涨行情的稳定，投资者买进也会更加放心，如图 1-30 所示。

技术图示 地量涨停时 ADX 线上扬

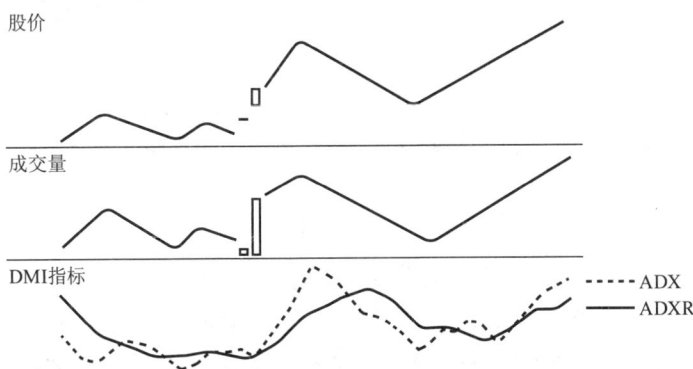

图 1-30　形态示意图

接下来通过真实的案例进行深入学习。

实例分析 贵绳股份（600992）地量涨停 +ADX 线上扬共振

图 1-31 为贵绳股份 2022 年 5 月到 8 月的 K 线图。

从图 1-31 中可以看到，在 2022 年 5 月到 7 月上旬，贵绳股份的 K 线一直位于 15.00 元价位线下方震荡，期间与中长期均线不断产生交叉，行情变盘方向不明，投资者此时不可以轻易介入。

虽然在此期间成交量并没有明显的指示信号，但是 DMI 指标有，因为 ADX 线的高点出现明显下移，这是股价即将转折的信号。但是股价会转向何方呢？投资者也无法预知，所以还是要留在场外观望。

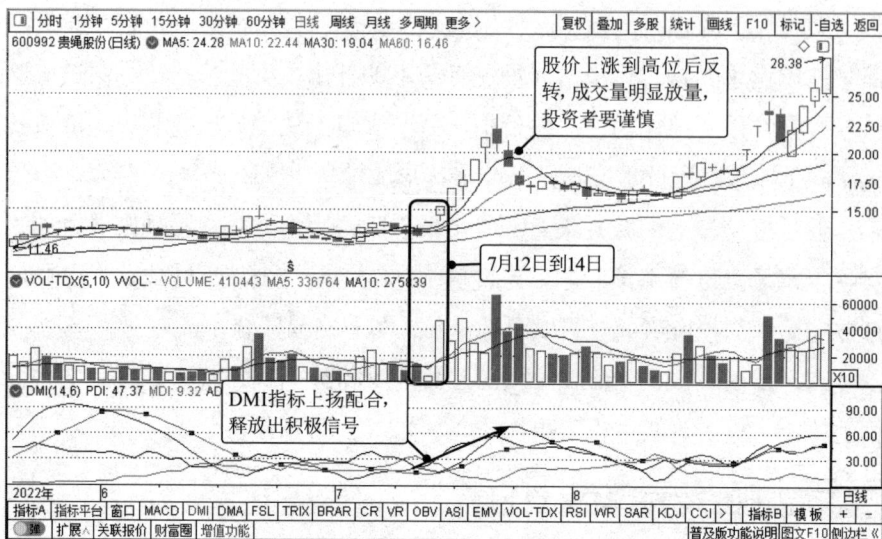

图 1-31 贵绳股份 2022 年 5 月到 8 月的 K 线图

这样的走势一直持续到了 7 月上旬，7 月 13 日，该股突然收出了一根地量一字涨停线，迅速将价格拉到 30 日均线之上，但是没有突破 15.00 元价位线的压制。

到了 7 月 14 日，股价成功小幅突破该压力线。这时的 DMI 指标还没有发出明确的反转信号，投资者需要进入分时图中进一步分析。

图 1-32 为贵绳股份 2022 年 7 月 12 日到 14 日的分时图。

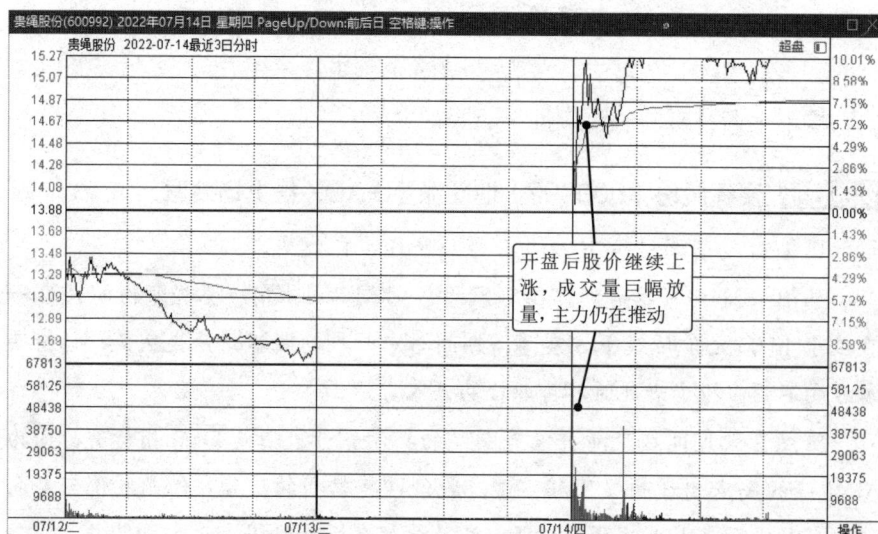

图 1-32 贵绳股份关键交易日的分时图

图 1-32 展示了涨停前后三日的分时图，方便投资者更加清晰地观察到一字涨停前后的走势区别。

7 月 12 日，该股依旧处于下跌状态，收出的是一根小阴线。而到了 7 月 13 日，股价毫无预兆地以涨停开盘，又以涨停收盘，期间根本没有开板交易，成交量骤然缩减。

7 月 14 日，市场明显反应过来，同时主力可能也在进一步推动。成交量在开盘后放出巨量量柱，股价线震荡上涨，最终以涨停收盘。大量投资者在这一日跟随买进，主力显然也注入了大量资金。这可能意味着该股在后续会产生一波快速拉升，下面回到 K 线图中继续观察。

7 月 14 日之后，该股果然开始连续涨停上冲，短短数日后就来到接近 22.50 元的位置，相较于上涨初始，涨幅相当可观。而与此同时，DMI 指标中的 ADX 线高点明显上移，说明当前行情在持续上升，投资者可继续持股。

到了 7 月下旬，该股开始连续收出阴线下跌，同时成交量也有放量，说明有大批获利盘正在抛售，其中可能也包括主力。

不过由于股价上涨时间太短，虽然涨幅很大，但是主力就此全部出货的概率还是不大，因此投资者可将其视为震仓的手段，跟随其适当减仓即可。只要股价没有彻底跌破中长期均线的支撑，投资者就可以依旧保持观望。

从后续的走势可以看到，该股在回调到 30 日均线附近后就得到支撑，反复低位震荡，最终于 8 月上旬继续向上拉升。在拉升的过程中，DMI 指标中的 ADX 线高点再次上移，说明当前行情将继续下去，投资者可保持持股，即可赚取一波更高的收益。

1.2.4 初期放量推涨 +ADX 线二次金叉

上涨初期的放量推涨有很多形式，比如低位攀升温和放量、阶梯式放量、巨量推涨等，具体内容如下：

①低位攀升温和放量指的是在股价的阶段或是行情低位，成交量逐渐温和放大并推动股价突破压力位持续攀升，进入上涨初期的状态。

②阶梯式放量指的是成交量分阶段放大，一波一波推动股价上行，如同阶梯一般。

③巨量推涨很好理解，就是成交量在某几个交易日突然明显放大，导致股价迅速上涨，主力参与痕迹更加明显。

在很多时候，巨量推涨会与阶梯式放量在同一时期出现，也就是成交量在阶梯的某一位置突然明显放大，推动股价迅速上升到下一个台阶上，这样传递出的看涨信号会更加强烈。

ADX 线的二次金叉与 MACD 指标的二次金叉非常相似，即 ADX 线在某一位置自下而上突破 ADXR 线后，随着股价的持续震荡和上涨自然回落到 ADXR 线下方，不久后在更高位置实现第二次突破，形成二次金叉，同时低点也明显上移，如图 1-33 所示。

技术图示 放量推涨时 ADX 线二次金叉

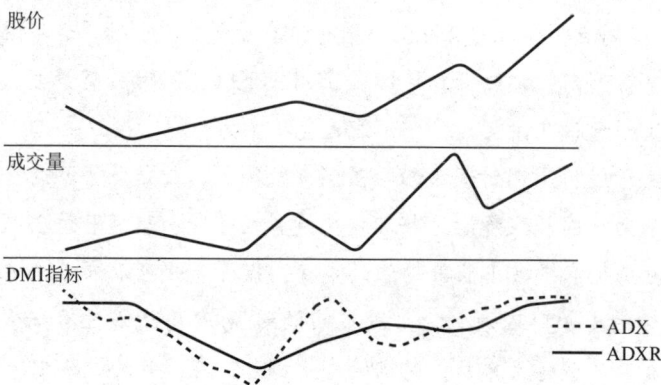

图 1-33　形态示意图

无论是成交量还是 ADX 线的二次金叉，单独来看都能够释放出比较清晰的看涨信号。但如果二者能够在同一时期同步形成，配合上涨初期的行情状态，投资者就可以迅速跟进，抓住低位建仓的机会，以扩大后续获利空间。

接下来通过真实的案例进行深入学习。

实例分析 金辰股份（603396）放量推涨 +ADX 线二次金叉共振

图 1-34 为金辰股份 2022 年 3 月到 8 月的 K 线图。

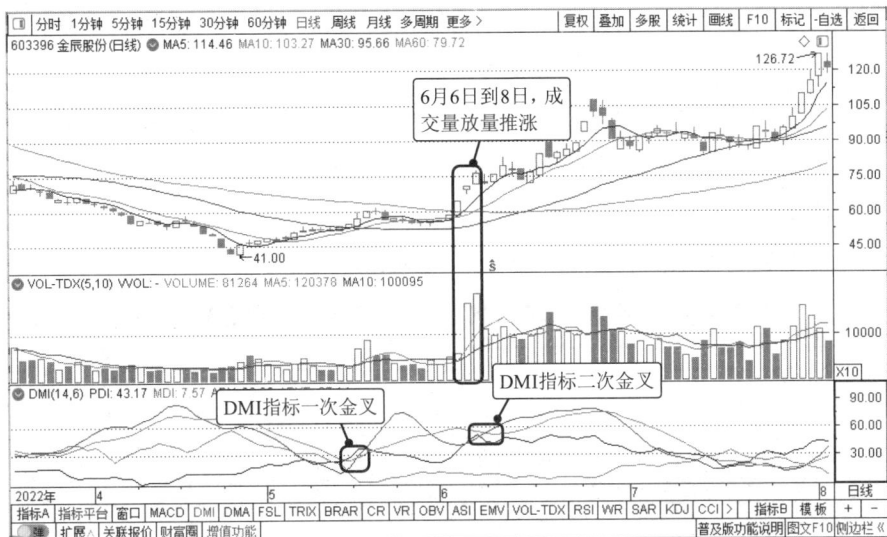

图 1-34 金辰股份 2022 年 3 月到 8 月的 K 线图

从金辰股份这段走势中的中长期均线表现来看，该股在 2022 年 3 月到 4 月还处于下跌行情之中，并且下跌时间不短，因为中长期均线已经压制在 K 线上方，呈现出空头排列状态。

这也进一步说明了下跌趋势的稳定，而且 ADX 线高点持续上移，说明下跌行情将延续，投资者不可以在此期间轻易介入。

不过到了 4 月下旬时，ADX 线的高点出现了一次下移。在此刻，股价也在创出 41.00 元的新低后开始转折向上靠近 30 日均线，说明反转可能即将到来，投资者要注意了。

在第一次接触到 30 日均线后不久，股价就成功向上完成了突破，向着 60 日均线靠近。在突破 30 日均线的同时，ADX 线自下而上越过 ADXR 线，形成一个低位金叉。这显然是股价可能即将形成强势反弹或是进入上涨行情的预兆。

这时再来观察成交量的表现可以发现，自从股价开始转势向上后，成交量就呈现出了阶梯式的放大，一波一波地向上形成推动。这也是一种积极信号，激进型投资者此时可以尝试介入，但是要注意轻仓。

股价在第一次靠近 60 日均线时没有立即突破，而是小幅回调到 30 日均线上，导致 ADX 线跌破 ADXR 线，不过好在低点没有跌破前期。近半个月之后，股价才在 6 月初越过 60 日均线的压制。

而在 K 线成功突破 60 日均线的同时，成交量也释放出了两根巨大的量柱，进一步确定成交量正在阶梯式放量推动，巨量推涨出现。下面来看这几个突破关键交易日的分时走势。

图 1-35 为金辰股份 2022 年 6 月 6 日到 8 日的分时图。

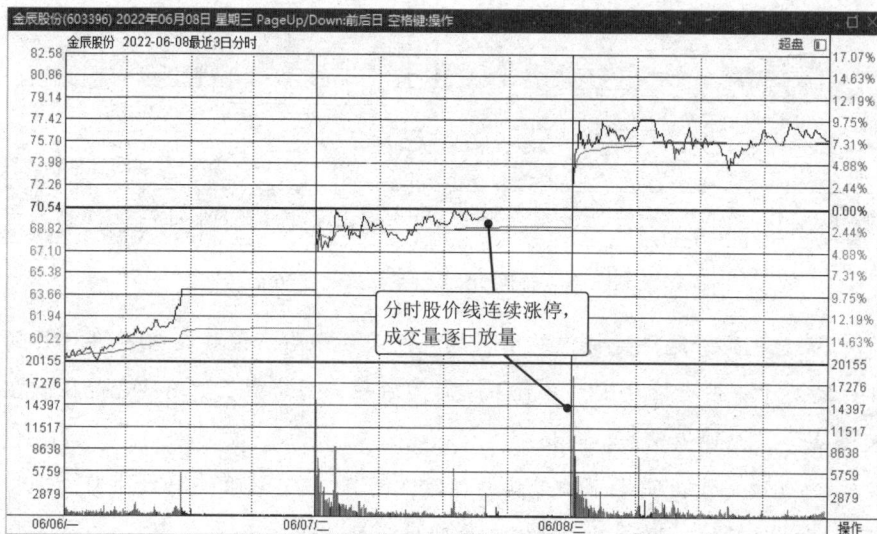

图 1-35　金辰股份 2022 年 6 月 6 日到 8 日的分时图

从图 1-35 中可以看到，该股在 6 月 6 日其实已经以涨停收盘了，只是当日的成交量因为涨停的缘故并没有表现出明显巨量。

但到了 6 月 7 日，市场注资力度加大，主力开始发力的时候，成交量就有了明显的上涨，该股最终以涨停收盘。6 月 8 日同样也是如此，股价在开盘后被一根大量柱直线向上推动，在短暂震荡后来到 75.00 元价位线上方，K 线图中依旧呈现为巨量，看涨信号明显。

在此之后，ADX 线自下而上再次突破 ADXR 线形成第二个 DMI 指标的金叉，并且这个金叉相较于前期有明显上移，ADX 线的高点和低点也有上移，说明当前上涨行情即将保持下去。那么即便是谨慎型投资者，此时也可以买进了。

1.2.5　底部巨量收阳 +ADX 线转折

底部巨量收阳指的是股价在相对低位状态时，突然出现成交量急剧放大，股价短期快速上涨的情况。巨大的资金量流入拉动股价直接上冲，使其可能在数日内呈现出一条陡峭的上涨斜线，与前期走势明显不符，是个股即将进入上涨行情的信号。

至于 ADX 线的转折，在前面的案例中已经有过充分展示。这里的转折是由高点下移转向高点上移，意味着股价从前期的下跌或是横盘中缓和过来，开始转向上升，如图 1-36 所示。

技术图示 低位巨量收阳时 ADX 线转折

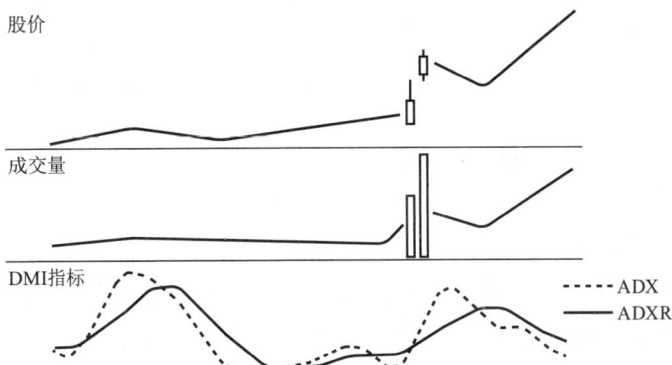

图 1-36　形态示意图

当巨量收阳形成后，上升行情基本确定，ADX 线高点上移就意味着上涨行情的延续，投资者可以顺势入场。

接下来通过真实的案例进行深入学习。

实例分析 岱勒新材（300700）低位巨量收阳 +ADX 线转折共振

图 1-37 为岱勒新材 2021 年 11 月到 2022 年 3 月的 K 线图。

2021 年 12 月到 2022 年 1 月上旬，岱勒新材的股价其实已经上升到了中长期均线之上，但是短时间内的上涨幅度非常小，股价只是长期在 14.00 元价位线附近上下波动，始终无法向上突破 15.00 元的压制。

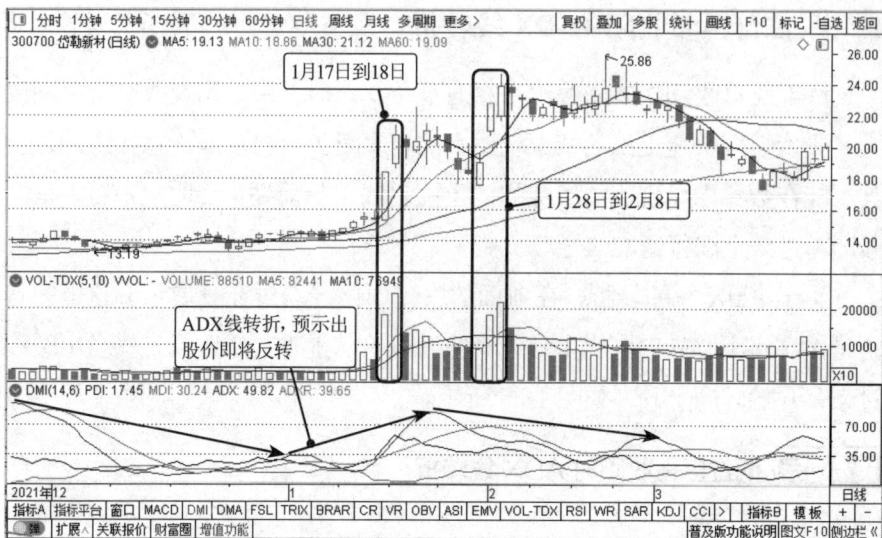

图 1-37　岱勒新材 2021 年 11 月到 2022 年 3 月的 K 线图

在此期间，ADX 线的高点有明显下移，说明行情即将在未来实现大的转变。而根据 K 线与中长期均线的位置关系来看，大概率是向上的转变，这时投资者可以给予高度关注。

这样的平缓走势一直持续到了 1 月上旬，该股终于开始连续收阳向上突破 15.00 元价位线，并在接触到 16.00 元价位线后连续拉出两根超大阳线，来到接近 22.00 元价位线的位置。

这两个交易日的成交量有明显放大，呈现出低位巨量收阳状态。这时来观察这两个交易日的分时走势，可以有新的发现。

图 1-38 为岱勒新材 2022 年 1 月 17 日到 18 日，以及 1 月 28 日到 2 月 8 日的分时图。

从图 1-38 中的第一张图中可以看到，该股在 1 月 17 日到 18 日的分时走势中可以看到，该股在这两个交易日中的走势相当积极。1 月 17 日的股价是以涨停收盘的，在临近涨停时盘中出现一根巨大量柱推动其封板，大概率是主力在操作。结合当前行情的位置来看，目的极有可能是快速拉出一波上涨。

1 月 18 日的股价涨速虽不如前日，但是最终还是收出了较高的价格。盘中成交量活跃度也很不错，说明市场正在积极响应，投资者可借机买进。

那么再回到 K 线图中观察，当发现股价在此之后于 22.00 元价位线上受阻横盘震荡，形成回调迹象，但是 ADX 线高点上移时，投资者就可以分析出，其实当前的上涨走势尚未完全结束，后续回调幅度应该不会太大，中长线投资者可以不着急卖出，短线投资者可以适当减仓或分段操作。

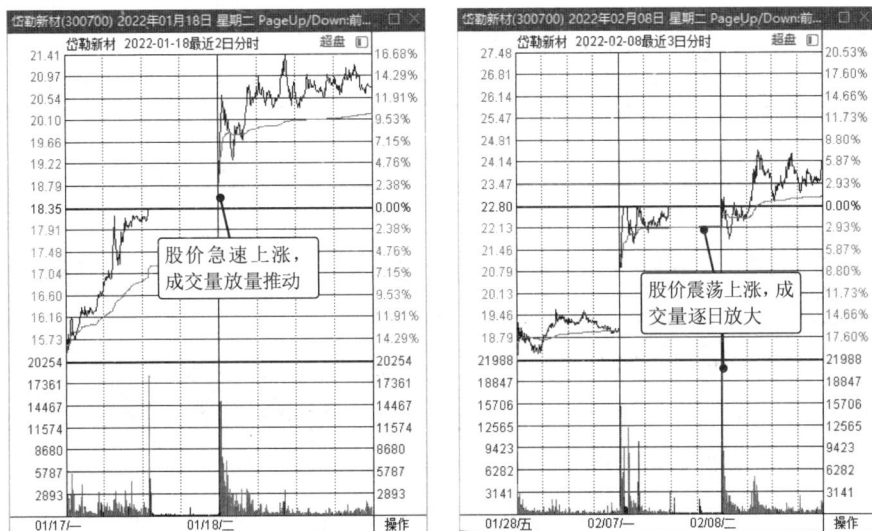

图 1-38　岱勒新材关键交易日的分时图

继续来看 K 线图中后面的走势，在 1 月底到 2 月初，成交量再度大幅放量，使得股价直接向上跳空开盘收出两根大阳线，并成功突破 24.00 元价位线。

下面再来看这几个关键交易日的分时走势。从图 1-38 中的 1 月 28 日到 2 月 8 日的分时走势中可以看到，2 月 7 日的开盘价与 1 月 28 日的收盘价相差较大，并且开盘后成交量就有巨幅放量，可见其中大概率是有主力在推动的，当日以涨停收盘。

2 月 8 日的涨势同样不如前期，但最终还是以高价收盘。整体看来与 1 月 18 日的走势非常相似，因此投资者可以大致推断出后续可能又会有一波滞涨。这时就要回到 K 线图中进一步分析观察。

果然在 2 月 8 日之后，K 线就开始下跌了，但是在落到 10 日均线附近就得到支撑继续上升。可惜后续该股也只是小幅向上突破 25.00 元价位线，而且当日收出的还是一根带有长上影线的阳线，说明股价冲高回落，上方压力较重。如果短时间内成交量没有给予足够的支撑，那么该股很有可能会回归下跌。

后续的走势确实证实了这一点，成交量在后续持续缩减，股价连续收阴向下跌破了 30 日均线乃至 60 日均线。ADX 线的高点也出现下移，说明转折即将到来，投资者要注意及时卖出。

1.2.6　地量跌停 +ADX 线下行

地量跌停与前面所介绍的地量涨停既相似又相反。相似是因为成交量的地量还是由市场交易规则导致的，并不意味着股价即将转势。而相反是因为成因不同，地量跌停是由于股价当日的开盘价、收盘价、最高价和最低价都是同一个跌停价，大量的卖单堆积在跌停价上，买单很少在跌停时介入，导致交易拥堵，进而形成地量。

它往往出现在下跌行情的初期及下跌途中，意味着当前市场高度看跌，该股后续即将进入持续下行之中，是一种明确的卖出信号。尤其是当其出现在高位时，更加有可能是主力出货导致的。

但有些时候，地量、跌停也是一种主力的强势震仓手段，因此投资者要注意借助 DMI 指标综合判断。

在股价跌停的同时，ADX 线如果能自上而下跌破 ADXR 线形成死叉，并在后续持续下滑，就大概率说明这一波下跌深度较大，投资者还是应以卖出为佳，如图 1-39 所示。

技术图示 地量跌停时 ADX 线下行

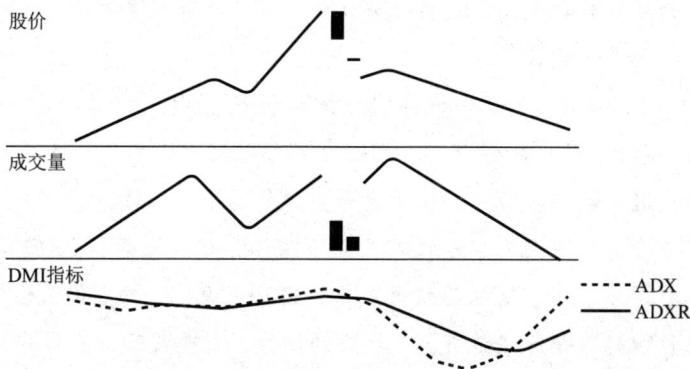

图 1-39　形态示意图

接下来通过真实的案例进行深入学习。

实例分析 国新健康（000503）地量跌停 +ADX 线下行共振

图 1-40 为国新健康 2021 年 11 月到 2022 年 4 月的 K 线图。

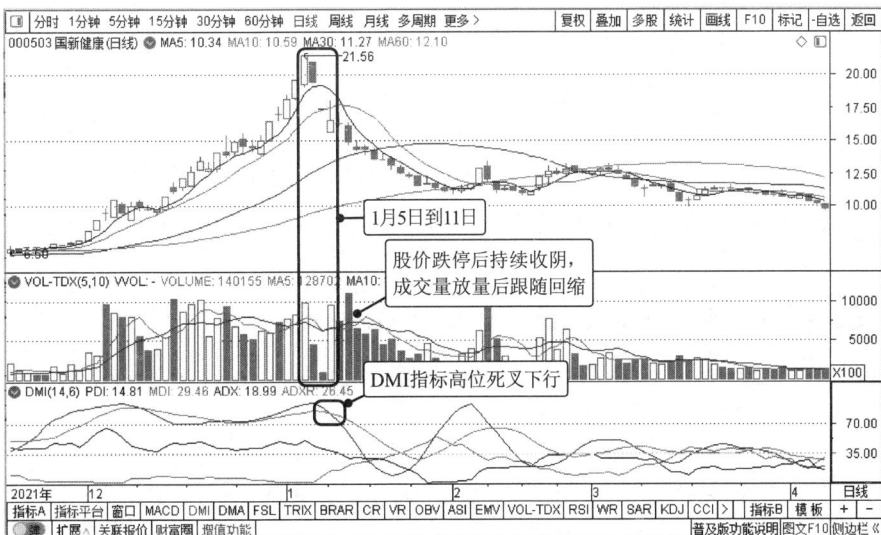

图 1-40　国新健康 2021 年 11 月到 2022 年 4 月的 K 线图

来看国新健康的这段走势，从图 1-40 中不难看出，在 2021 年 12 月，该股的涨势相当稳定，K 线长期踩在 5 日均线和 10 日均线上波动上行，期间均线组合形成了多头排列形态（即中长期均线在下，短期均线在上的规律排列形态，期间均线不可交叉）。

与此同时，DMI 指标中的 ADX 线和 ADXR 线都已经运行到了较高位置并横向波动，呈现出钝化状态。这意味着当前涨势积极且稳定，投资者可尝试介入。

不过在此期间成交量的表现却并不如人意，在股价持续上扬的过程中，成交量高点其实是整体走平的，形成量平价涨的背离。这虽然说明股价后续上涨推动力不足，但投资者尚且无法分析出具体的反转时机，因此还是要持股，但需要谨慎持股。

这样的走势一直持续到 2022 年 1 月初，该股创出 21.56 元新高的次日收阴下跌。本以为这是一次常规的小幅回调，但再往后一个交易日股价的骤然跌停打破了这一推测。成交量在当日形成地量，并且 ADX 线自上而下跌破了 ADXR 线形成高位死叉，这时投资者就应该及时意识到此次回调与前期的不同。

再往后一个交易日，K 线虽然有收阳，但是并未突破前期高点，危险系数非常高。在跌停当日没能及时卖出的投资者，最好还是在这一日快速挂单出局。

从后续的走势可以看到，此后股价迅速收阴跌破 30 日均线，并且在此过程中成交量有过明显放量，可见主力出货痕迹明显。再加上 ADX 线和 ADXR 线持续下移，后续高度看跌，此时还未离场的投资者要抓紧时间。

特殊说明 关于案例中炒股软件窗口时间轴显示问题的说明

本书会涉及大量案例的解析，关于案例截图中软件 K 线图下方的时间轴显示的问题，这里提前做一个大致说明。

一般情况下，炒股软件窗口大小发生调整或对 K 线图进行缩放时，都会造成软件底部的时间轴发生相应的变化，所以书中的案例截图可能存在时间轴上显示的起止日期与分析内容描述的起止日期不一致，或案例截图中的时间间隔不是很连续的情况。这是软件自身原因造成的，本着客观陈述的原则，为了让读者能够更准确地查阅，本书在进行分析时仍然以实际 K 线走势的起止日期进行描述。

除此之外，A 股沪深两市的交易时间为每周一到周五，周六周日及国家规定的其他法定节假日不交易，所以，炒股软件中的 K 线图时间轴仅显示交易日。

第 2 章

成交量型指标和路径型指标共振分析

　　路径型指标是比较特殊的一类技术指标，对于股价运行的路径有一定的指示作用，其中比较具有代表性的就是BOLL指标，即布林指标。而在成交量型指标中，OBV指标也很有分析价值。本章所要重点介绍的就是成交量与BOLL指标，以及BOLL指标与OBV指标的共振技术。

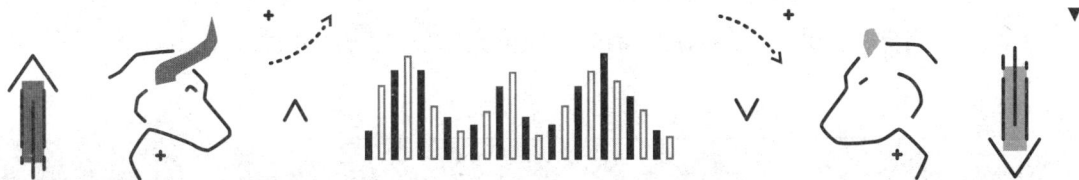

2.1 VOL 指标与 BOLL 指标共振

在学习成交量和 BOLL 指标，即布林指标的共振技术之前，投资者先要熟悉布林指标的结构和简单的应用方法。

布林指标也叫布林通道、布林线、布林带或股价通道线，是一种用于研判市场运动趋势、定位买卖位置的常用技术分析工具。

该指标可以如均线一般叠加在主图上使用，也可以单独显示在 K 线图下方的指标窗口中。为方便进行指标信号共振讲解，本章就将布林指标设置在下方的副图指标窗口中，如图 2-1 所示。

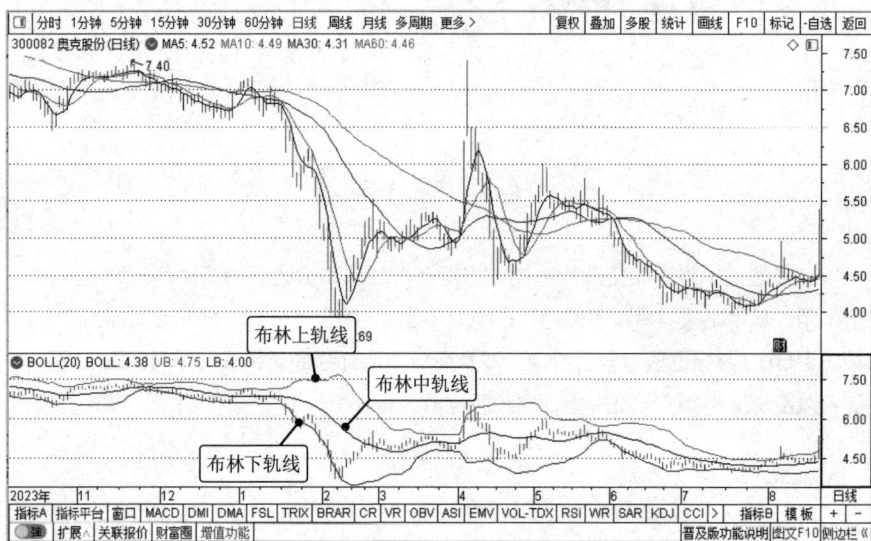

图 2-1　副图指标窗口中的布林指标及其基本构成

从图 2-1 中可以看到，布林指标由上轨线、中轨线和下轨线构成。其中上轨线和下轨线对股价起到了一定的限制作用，在大部分情况下，股价都会在这两条轨道线划分出的空间内运行，因此布林指标有着布林通道之称。

布林中轨线则是判断市场强弱的重要工具。当股价处于中轨线以上，代表市场处于强势，有继续上涨的趋势；当股价处于中轨线以下，就说明市场处于弱势，后市可能出现下跌。

当然，这并不是绝对的，有时候股价会与布林指标形成背离，失真信号也常常出现，投资者不可将其当成价格运行的铁律看待，具体问题还要具体分析，这一点也体现在其他的技术分析过程中。

不过，借助布林指标这三条轨道线的帮助，投资者还是能够对股价的当前状态与未来走势有一定的判断。同时结合成交量指标综合分析得出相应结论后，选择更加合适的买卖点。

除此之外，布林指标还有一些特殊形态，能够帮助投资者抓住转折点，比如布林通道的开口、收口、葫芦串形态等。下面就通过一些理论和案例来学习成交量与布林指标的共振技术。

2.1.1　初期放量推涨 + 布林中轨线转折

上涨初期放量推涨的形态已经在上一章中有过详细解析了，这里不再赘述。下面需要重点讲解的是布林中轨线的转折。

在股价转入上涨之后，K 线需要自下而上先行完成转折，并且保持持续上行，才能够在某一时刻将布林中轨线扭转向上，如图 2-2 所示。

技术图示 放量推涨与布林中轨线转折共振

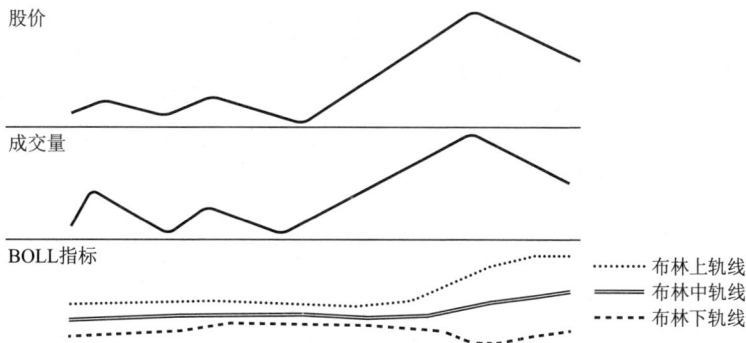

图 2-2　形态示意图

布林指标的这一特性和均线十分相似，因为布林中轨线实质上就是一条 20 日均线。这个参数是可以调整的，但是不建议投资者随意调整，毕竟容易出现指标信号失真的情况。

在很多时候，上涨初期放量推涨可能出现在布林中轨线转折之前。这时候投资者可以观察到行情的转变，但是不能彻底确定上涨的到来。不过当布林中轨线也被扭转向上时，意味着市场买进成本在不断提高，市场期望也在上涨，注资力度加强，投资者可以尝试介入。

但需要注意的是，如果股价只是形成一次强势反弹，后续上涨就无法维持太长时间。若投资者介入后不久股价就有转折回归下跌的迹象，那么即便持股时间较短，投资者也需要及时卖出。这样尽管收益不高，但依旧能够冲抵一部分前期损失。

接下来通过真实的案例进行深入学习。

实例分析 金刚光伏（300093）放量推涨＋布林中轨线转折共振看涨

图2-3为金刚光伏2023年9月到2024年1月的K线图。

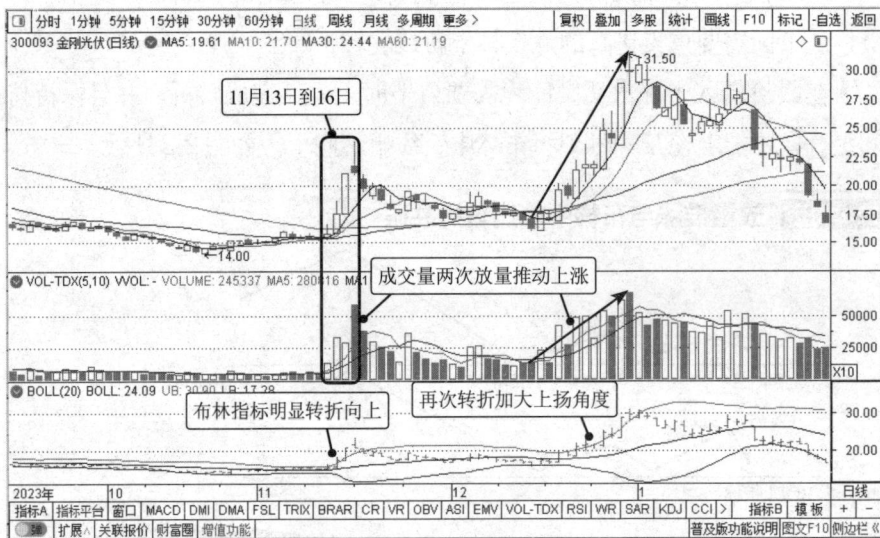

图2-3　金刚光伏2023年9月到2024年1月的K线图

从金刚光伏这段走势中的中长期均线表现不难看出，2023年9月到11月中旬，中长期均线一直压制在K线之上，并且60日均线距离K线较远，说明前期下跌幅度较大，该股已经跌到较低位置。这一点从成交量的表现也可以看出，市场确实是高度看跌的，这段时间内没有太多买盘参与。

观察布林指标的状态可以发现，布林上下轨线的距离非常近，几乎是收紧在 K 线附近。这是一种紧口状态，意味着当前震荡幅度较小，该股变盘方向尚不明朗，投资者不可轻易介入。

但其实投资者只要仔细观察就可以发现，在 10 月中旬股价创出 14.00 元的新低后，K 线实际上是在缓慢向上靠近 30 日均线的。

虽然股价没能在接触到的第一时间完成彻底突破，但是在进入 11 月后不久，在成交量持续放量的大幅推动下，K 线连续收阳上升，成功突破两条中长期均线的压制，并且在短时间内从 15.00 元价位线附近冲到接近 25.00 元价位线的位置，短期涨幅相当可观，吸引大量买盘介入。

这时来观察布林指标的表现可以发现，其实在股价向上接触 30 日均线的同时，K 线就已经成功突破了布林中轨线。但是当时的上涨幅度过小，并没能带动其扭转向上。

一直到 K 线大幅收阳突破完成，布林中轨线才被带动明显转折向上，确定了这一波上升的积极性，那么此时投资者就可以迅速介入跟进。

不过由于短期上涨幅度过大，前期被套盘和短期获利盘亟须卖出兑利，这就造成股价在连续上涨后的快速下跌。这一点在 11 月 16 日得到充分体现，下面就进入这几个关键交易日的分时走势中仔细分析。

图 2-4 为金刚光伏 2023 年 11 月 13 日到 16 日的分时图。

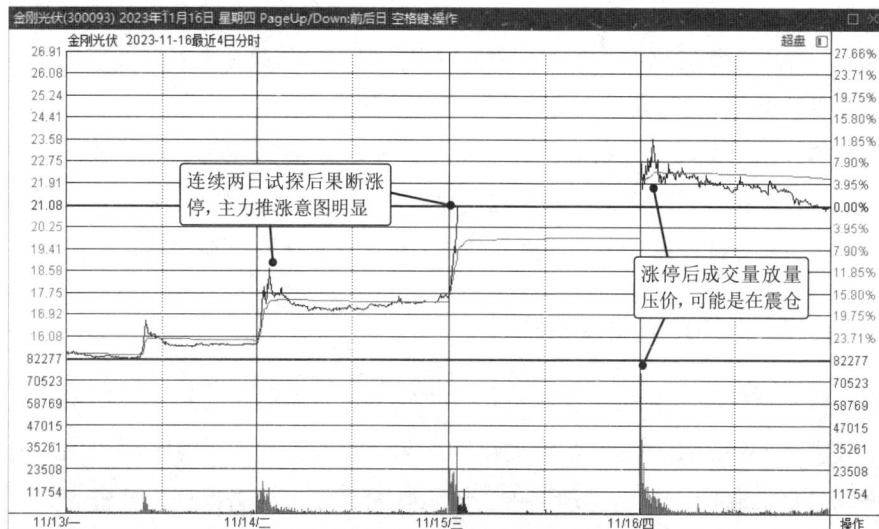

图 2-4　金刚光伏 2023 年 11 月 13 日到 16 日的分时图

11月13日到15日是股价连续上涨的三个交易日，从其分时走势中可以看到，这三日的上涨幅度一日比一日大。并且前两日还处于冲高回落试探上方压力的过程，到了最后一个上涨交易日，股价就直接在开盘后以直线涨停，最终收出大阳线。

当日盘中成交量放出巨量，可见主力在试探完成后大力注资推动，是高度看好该股后市发展的，因此投资者买进时也无须犹豫。

不过在11月16日股价开板后，虽然前几分钟有所上冲，但最终冲高回落，说明这时无论是散户还是主力，可能都需要通过回笼资金的方式来预备下一次的注资，因此股价会在这一波抛压的压制下震荡下跌。

这是正常情况，短线投资者可以跟随卖出先行保住收益，中长线投资者则可以继续观望，看股价后续是否会跌破中长期均线的支撑。

下面回到K线图中继续观察。该股在此之后进行了一波震荡回调，不过低点落到60日均线上后就得到支撑，并于12月中旬之后继续上升。

在此期间，成交量先缩后放，推动股价持续上涨并突破25.00元的压力线。与此同时观察布林指标可以发现，其实在股价回调的过程中，K线是有小幅跌破布林中轨线的，但落到布林下轨线附近就止跌了。

后续股价在成交量推动的过程中持续上扬，带动布林中轨线加大上扬的角度，布林通道也向上开口。这是一种股价由横向震荡转为持续拉升的看涨标志，与成交量实现信号共振。那么前期已经卖出的投资者可以重新建仓，中长线投资者还可以再次加仓，以抓住后续涨幅。

不过从后续的走势来看，该股此次上涨突破30.00元价位线后就开始下跌，并且紧接着的一次上冲也没能突破前期高点，说明这次可能只是强势反弹而非上涨行情，投资者要注意及时在高位卖出，保住前期收益。

2.1.2　巨量突破＋飞跃布林线

成交量的巨量突破是指股价在运行到一定位置后，受到中长期均线或是关键压力线的压制，导致横盘整理。某一时刻若成交量能够释放出巨量推动K线大幅收阳向上实现突破，就意味着后续上涨有保证，投资者是可以快速跟进的。

而这种巨量推涨往往会导致 K 线收出长阳线，甚至实现涨停。这是由于股价短时间内涨速过快，或是涨幅过大，可能导致 K 线直接越过布林上轨线，也就是超出布林通道的限制范围，形成飞跃布林线的形态，如图 2-5 所示。

技术图示 巨量突破与飞跃布林线共振

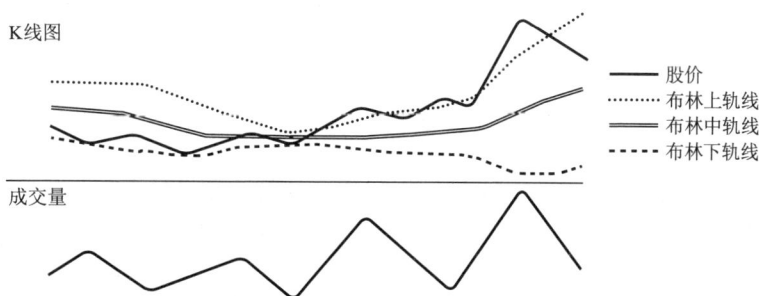

图 2-5　形态示意图

一般来说，布林通道会持续限制 K 线的震荡幅度，布林上下轨线也会因为股价的快速变动而弹性扩张，所以这种直接突破到布林上轨线之外的飞跃布林线形态比较少见。但也正是如此，在巨量突破的同时形成的飞跃也意味着短期股价涨势的强劲。

不过需要注意的是，无论股价从何种方向突破上轨线或下轨线，进而超出布林通道的范围，其超出的幅度都不会太大，有时候甚至只是数根 K 线的一部分越过而已，并且超出的时间也不会太长，后续会很快回到布林通道内。

也就是说，当股价结束一波快速的拉升回到布林通道内时，大概率会面临获利盘的大量抛售导致的抛压骤增，进而形成回调下跌的走势。

因此短线投资者在发现股价突破布林上轨线形成飞跃后，要对其保持高度关注，一旦股价有回落的趋势就及时出局，将收益兑现。

接下来通过真实的案例进行深入学习。

实例分析 三棵树（603737）巨量突破 + 飞跃布林线共振看涨

图 2-6 为三棵树 2024 年 3 月到 6 月的 K 线图。

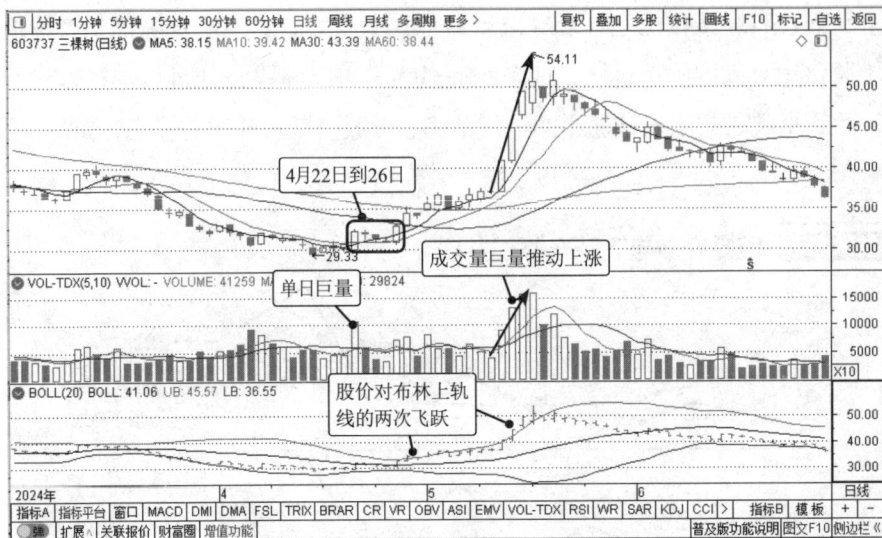

图 2-6　三棵树 2024 年 3 月到 6 月的 K 线图

三棵树的这段 K 线走势与上一个案例中的十分相似，都是股价在前期处于中长期均线的压制下持续下跌，到了某一位置后转势上行，成功突破布林中轨线和中长期均线的压制，形成一波强势反弹。

但是在三棵树的这段走势中，K 线上涨的速度明显更快，导致多个飞跃布林线的形成，下面就来进行逐一分析。

先来看股价筑底的过程，在 2024 年 4 月中旬，股价在 29.33 元的位置创出新低后开始逐步收阳上升。前三个交易日收出的阳线实体都比较小，并且成交量也没有给予十分充分的支撑，因此 K 线连 10 日均线都没能突破。

但是在 4 月 22 日，成交量明显单日释放巨量，推动 K 线收出一根长阳线，突破了 5 日均线和 10 日均线。并且也正是在这一个交易日，下方的布林指标中 K 线也向上接触到布林中轨线，并有突破的迹象。

不过在后续的三个交易日，K 线收阴下跌落到 10 日均线上，形成小幅回调，成交量也有回缩，因此没能成功突破。但在 4 月 26 日，成交量继续放量，K 线再度上扬突破前期高点，也成功越过布林中轨线。

这五个交易日综合起来，其实构筑出了一个被称作上升三法的看涨形态。虽然因为中间的小 K 线并不是全阴线，导致形态并不标准，但是也可以释放出明确的看涨信号。

除此之外，分时盘中也有一些主力参与的证据，下面就进入这几日的分时走势中进一步观察。

图 2-7 为三棵树 2024 年 4 月 22 日到 26 日的分时图。

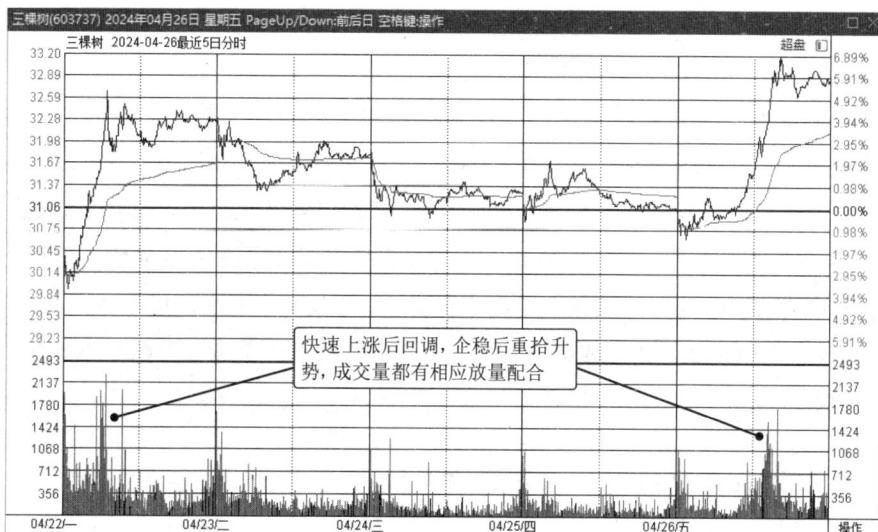

图 2-7　三棵树 2024 年 4 月 22 日到 26 日的分时图

从图 2-7 中不难看出主力参与的痕迹，在 4 月 22 日和 26 日，也就是股价拉出大阳线的两个交易日，盘中的成交量活跃度明显比中间三根小 K 线的强。并且盘中都有集中的一段放量，推动股价实现锯齿状的拉升，主力参与的痕迹非常明显。

因此投资者也可以基本确定后续该股可能会有一波大的上涨，毕竟主力不可能只拉这一段，后续是要进行获利出货的。所以短时间内该股上涨潜力不小，投资者可持续关注。

下面回到 K 线图中继续观察可以发现，在 4 月 26 日之后，股价持续上升，一路突破到中长期均线之上。这段时间内的涨幅不小，因此在布林指标中，K 线也小幅突破到了布林上轨线之上，形成飞跃布林线。

虽然这个飞跃布林线并不十分清晰，但也传递出了股价即将进入拉升的信号。而且此时布林中轨线已经被扭转向上，市场持续看涨，投资者可注资跟进。

继续来看后面的走势，进入 5 月后不久，股价就在 35.00 元价位线上方受阻横盘震荡，连续数日都没有实现有效突破，成交量也出现缩减状态，可见市场正在斟酌，多空双方尚且处于平衡状态，投资者可保持观望。

不过数日之后，成交量连续放出巨量推动股价快速上冲，短短数日内就从 35.00 元价位线上方冲到了最高 54.11 元。

而这四个交易日的暴涨也导致 K 线成功突破布林上轨线，形成了一次清晰的飞跃布林线形态。那么成交量的巨量推动和飞跃布林线结合构筑出的共振信号就验证了前期对于主力参与的推测，因为这就是主力获利的大好机会。

但要注意的是，飞跃布林线无法维持太长时间，暴涨之后市场获利盘大批集中卖出，导致的下跌速度可能非常快。因此投资者在发现股价冲高回落，并开始围绕 50.00 元价位线横向震荡，有收阴下跌的迹象时，就要及时卖出，保住前期收益。

2.1.3　温和攀升放量 + 布林三线上行

温和攀升放量是指股价在上涨过程中并未受到成交量快速放巨量的推动，而是在一波一波温和放量的过程中逐步上行。

在此期间，股价震荡的幅度应当不会太大。如果市场看涨情绪比较一致，那么上涨趋势也应当比较稳定，布林通道就会跟随股价上升而产生转折，进而呈现出三线同步上行的状态，如图 2-8 所示。

技术图示 **温和攀升放与布林三线上行共振**

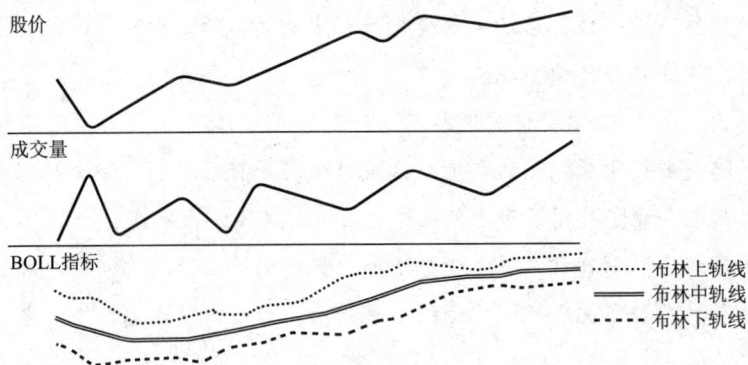

图 2-8　形态示意图

在布林三线同步上扬的过程中，K 线大概率会突破到布林中轨线以上，并长期保持在布林中轨线与布林上轨线之间的范围内运行。

这一区间被称为布林上通道，这种状态也是一种积极的看涨形态。只要股价没有彻底跌破布林中轨线或是 K 线图中的中长期均线，中长线投资者就可以一直持有，短线投资者则可以分段操作。

接下来通过真实的案例进行深入学习。

实例分析 **晶盛机电（300316）温和攀升放量 + 布林三线上行共振**

图 2-9 为晶盛机电 2022 年 4 月到 10 月的 K 线图。

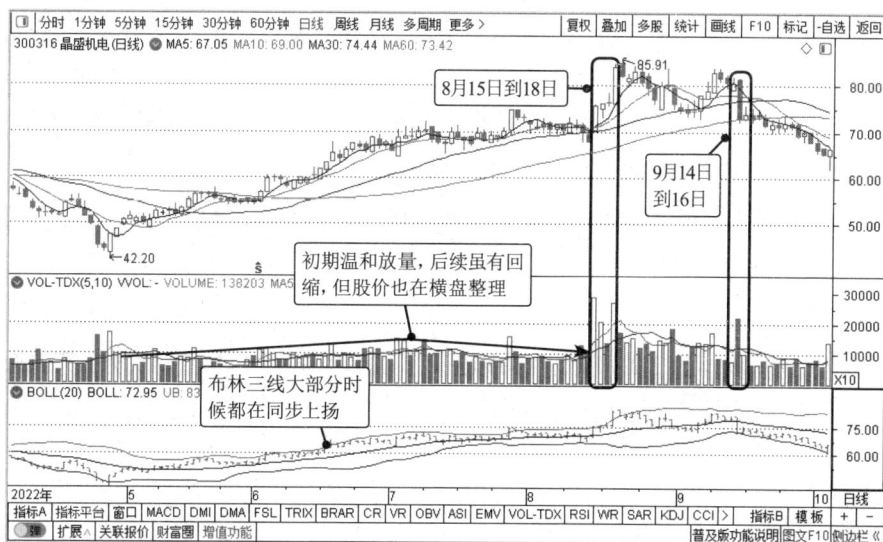

图 2-9　晶盛机电 2022 年 4 月到 10 月的 K 线图

在 2022 年 4 月底之前，晶盛机电的股价还处于中长期均线的压制之下。不过在 4 月底于 42.20 元的位置触底后，该股就开始积极收阳向上接触 30 日均线，并在不久之后完成突破。到了 6 月初，60 日均线也被突破，一波新的上涨趋势已然形成，大量投资者就此买进。

在此期间，成交量先是在下跌过程中放量压价，可见其中有主力在参与低位吸筹。然后在股价一波波上涨并突破关键压力线的过程中，成交量也有一波一波的小幅温和放量，与股价形成配合。

同一时期内，K线成功突破布林中轨线，并运行到布林上通道内。在6月初，股价更是带动三条指标线同步向上运行，释放出积极的看涨信号，同时也与成交量形成共振，此时是投资者介入的大好时机。

这样的积极状态一直持续到了7月初，股价在接触到70.00元价位线后受阻，随后横盘震荡，低点在30日均线上得到支撑，并未彻底跌破。

观察成交量的表现可以发现，自此之后量能就开始逐步缩减，与股价形成量缩价平的状态。这意味着股价正在进行整理，看涨信号不再，但是因为价格没有彻底下跌，投资者还可以继续观望。

在此期间的布林指标则表现出收口状态，也就是布林通道向内紧缩。这是股价处于横盘震荡的标志，而且K线也没有彻底跌破布林中轨线，投资者依旧应以观望为佳。

到了8月中旬，成交量突然收出一根巨大的量柱，快速推动价格上冲，彻底突破70.00元价位线的压制。数日之后价格就冲到85.00元价位线上方，这几个交易日中的分时走势和成交量表现证实其中有主力的参与。

图2-10为晶盛机电2022年8月15日到18日，以及9月14日到16日的分时图。

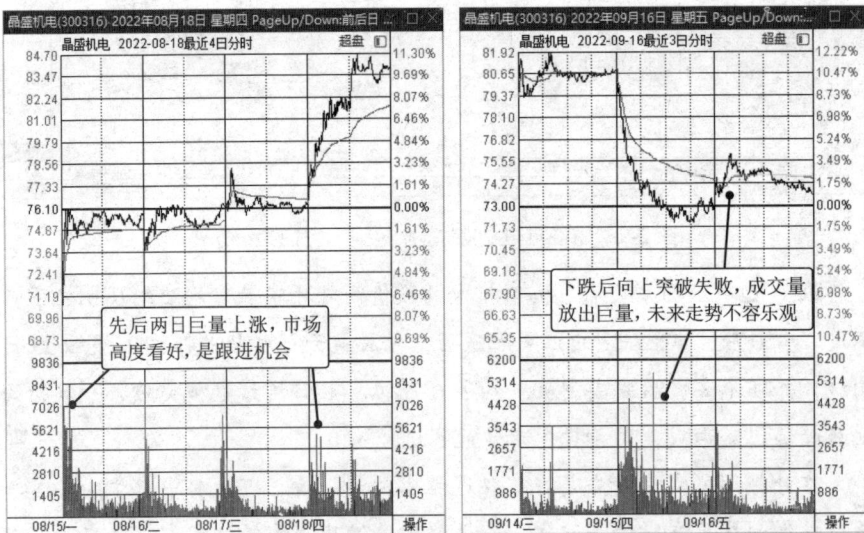

图 2-10　晶盛机电关键交易日的分时图

图 2-10 中第一张图展示的就是突兀暴涨的这四个交易日的分时走势，从分时图中可以看到，8 月 15 日和 18 日的单日涨速都极快，成交量都在某些关键交易时刻集中出现过巨大的量能，推动股价呈锯齿状上升。

短期如此巨大的涨幅，显然是主力在注资推动，那么投资者就可以跟随买进。但需要注意的是，当前行情涨幅已高，投资者需要警惕这是否是主力设置的多头陷阱。

下面回到 K 线图中继续观察。在此后股价就创出新高并开始回调，不过低点落在 30 日均线上，并未彻底跌破，后续还进行了一波再度的拉升。

但显然，由于成交量表现远不如前期，这一次拉升也没有突破前期高点，而是继续下跌。甚至在 9 月 15 日，K 线还收出了一根大阴线直接跌破 30 日均线，下面再来看这几个关键交易日的分时走势。

在图 2-10 的第二张图中，投资者可以清晰观察到 9 月 15 日跌幅的巨大。相较于前后两个交易日来说，当日的下跌可以说是非常突兀，而且成交量在开盘后几分钟股价跌速最快的时间段内有过集中放量，可见是主力主动压价所致。

而到了 9 月 16 日，股价虽然在开盘后有所上升，但显然没有实现形势逆转，后续更是小幅下跌收盘，可见市场情绪当前已经转为看跌，投资者不可再停留。

2.1.4　量能先放后缩 + 布林向上葫芦串

这里的量能先放后缩指的是在股价持续上涨的过程中，成交量先是放量推动上升，但到了一定位置时量能反而开始缩减，与持续上涨的股价形成量缩价涨的背离。根据前期所学理论来看，这是股价上涨即将到达高位形成滞涨或是反转的警示信号。

这种量能先放后缩的状态在上涨期间是非常常见的，毕竟个股也需要通过震荡来调整市场中买卖盘的对比力量，释放了抛压才能更好地上涨，因此投资者可能会非常频繁地收到警示信号。

在这种上涨的过程中，价格可能会产生一定程度的震荡，震荡幅度可大可小，布林通道则会配合 K 线的涨跌而持续缩放。

每当股价快速上涨或下跌，布林通道会开口。当其转向横盘或震荡幅度减弱时，布林通道又会回缩，进而形成一种向上的葫芦串形态，具体内容如图 2-11 所示。

技术图示 量能先放后缩与布林向上葫芦串共振

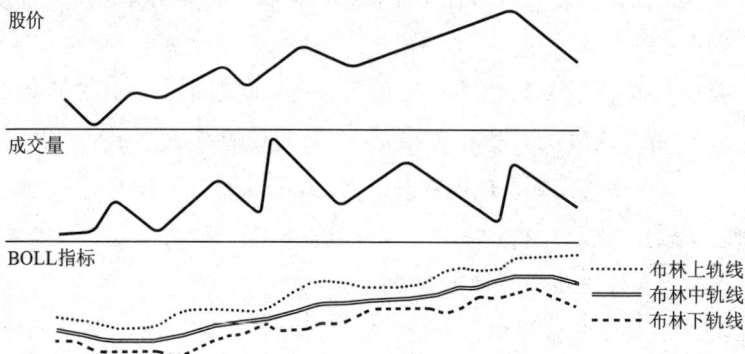

图 2-11　形态示意图

其实这种葫芦串只要不发生方向的扭转，释放出的还是积极信号。不过结合量能后续的缩减来看，投资者还是需要警惕的。在葫芦串构筑过程中，短线投资者可以利用布林通道的限制作用进行分段操作，中长线投资者也可以借此低位多次加仓。

接下来通过真实的案例进行深入学习。

实例分析 五洲新春（603667）量能先放后缩 + 布林向上葫芦串

图 2-12 为五洲新春 2022 年 3 月到 9 月的 K 线图。

从图 2-12 中可以看到，五洲新春的涨跌趋势转换非常迅速，这对于投资者来说既是优势也是劣势。优势是可以很清晰地确定上涨行情的到来，劣势就是在股价转势下跌时也很难及时反应过来。这时就要多借助指标共振技术进行分析。

先来看由下跌转为上涨的过程，2022 年 4 月到 5 月，股价进行了一次快速的涨跌转折。在 8.82 元位置触底后，该股收阳向上，在半个月内就成功接连突破 30 日均线和 60 日均线。

在突破过程中，成交量都有放量支撑，主力参与痕迹明显，并且看涨意图坚定，投资者可以迅速跟进。

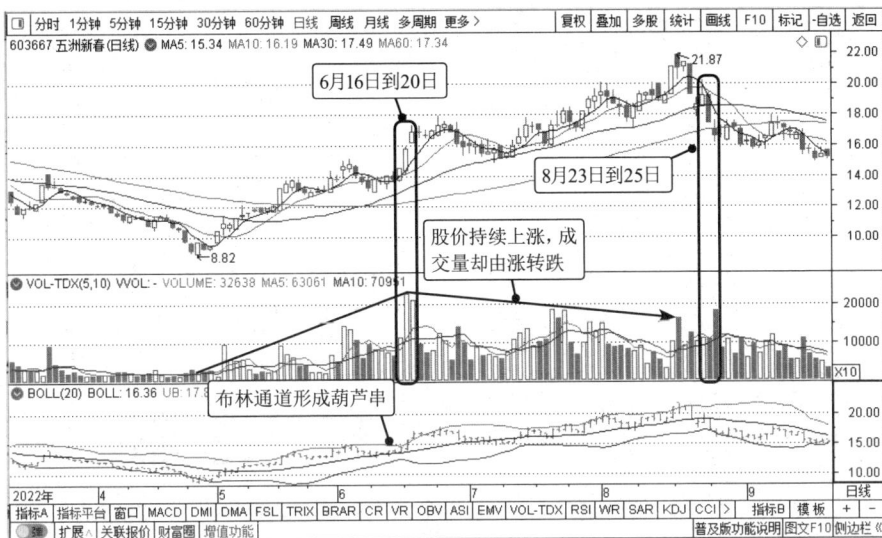

图 2-12　五洲新春 2022 年 3 月到 9 月的 K 线图

在突破的过程中，K 线也越过布林中轨线的压制，来到了布林上通道内持续运行，配合成交量的放量形成看涨共振。

这样的积极波段上涨一直持续到 6 月中旬，该股再次收出几根大阳线，向上来到接近 18.00 元价位线的位置。成交量在这几个交易日也有明显放量，主力和散户的追涨积极性从这几日的分时走势中就可以看出。

图 2-13 为五洲新春 2022 年 6 月 16 日到 20 日，以及 8 月 23 日到 25 日的分时图。

从图 2-13 中 6 月 16 日到 20 日的分时走势可以看到，在股价持续上涨的过程中，成交量的量能每日都在增加，并且盘中都有单根大量柱形成，这是主力集中注资推动的标志之一。

尽管在前期，投资者已经可以确定场内有主力在参与，但这一次的积极拉升明显坚定了投资者的跟进决心，进而及时在拉升过程中加仓，抓住后续涨幅，扩大收益。

再来看 K 线图中的未来走势。股价虽然在 18.00 元价位线上受阻，回调落到 30 日均线附近，但是后续依然还是能够上升的。

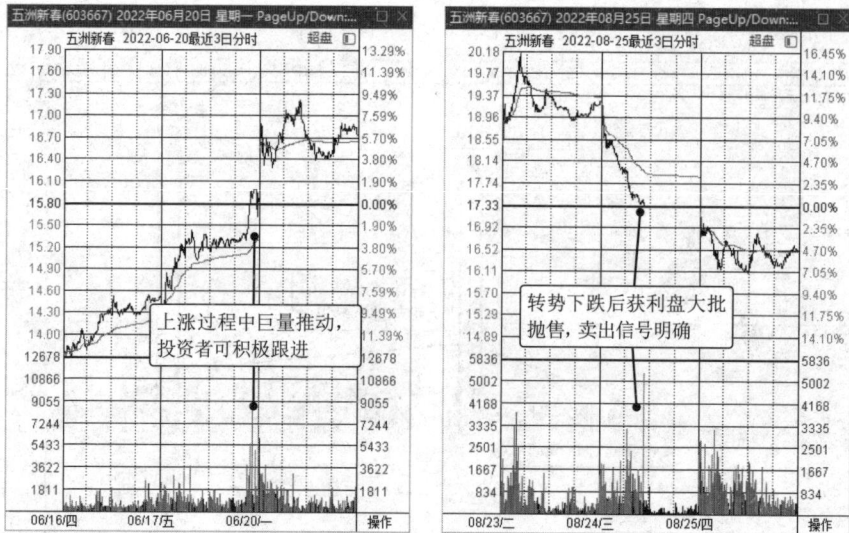

图 2-13　五洲新春关键交易日的分时图

然而在上涨的过程中，成交量的高点出现明显下移，与之形成量缩价涨的背离。这个时候股价涨势已经比较高了，这种背离就说明未来一段时间内股价可能会面临一波深度回调，甚至是下跌行情。投资者需要保持高度关注，但还不需要立即卖出，毕竟彻底的跌破还没形成。

这时再观察布林指标可以发现，在这几个月股价震荡上涨的过程中，布林通道跟随 K 线形成了多次扩张和收缩，构筑出一个清晰的向上葫芦串形态。

而且在此期间，即便股价震荡幅度较大，布林中轨线也长期维持着上行状态，并未产生转折。因此即便量缩价涨的背离存在，不同持股周期和风险承受能力的投资者也可以借助布林指标进行波段操作或是适当减仓，同时关注转折点的到来。

8 月中旬之后转折出现了，股价在创出 21.87 元的新高后开始间歇性收阴下跌，并且收出的几根阴线实体都非常长。

在 8 月 23 日到 25 日的三个交易日，K 线彻底向下跌破中长期均线及布林中轨线，并带动布林中轨线向下形成清晰的转折。与此同时，这三个交易日中的成交量表现也有异常。

来看图 2-13 中 8 月 23 日到 25 日的分时走势可以发现，在 K 线跌破 30 日均线的当日，也就是 8 月 24 日，该股是在成交量持续放量的压制下快速震荡下跌来到跌停板上收盘的，很明显其中有主力出货的筹码。往后一个交易日，股价更是向下跳空开盘，并最终收出阴线。

这说明短时间内股价回升概率不大，并且从 K 线图中后续的表现来看，该股踩在 16.00 元价位线上有所反弹，但也没能突破 60 日均线的压制。而且这时布林三线中的中轨线和上轨线都已经转向下跌，反转的到来已经证实，还未离场的投资者要抓紧时间。

2.1.5　初期放量压价 + 布林中轨线转折

通过上一章的学习，投资者知道在下跌行情的初期，成交量放量压制股价下跌是主力出货的表现，同时也代表着大量散户在跟随抛盘出局，传递出的是明确的看跌信号。

那么当股价下跌到一定程度，跌破布林中轨线并带动其扭转向下，乃至布林三线都同步转向下行时，就大概率说明下跌行情或是深度回调的到来，如图 2-14 所示。这时候投资者就要根据自己的风险承受能力决定清仓或减仓了。

技术图示 放量压价与布林中轨线转折共振

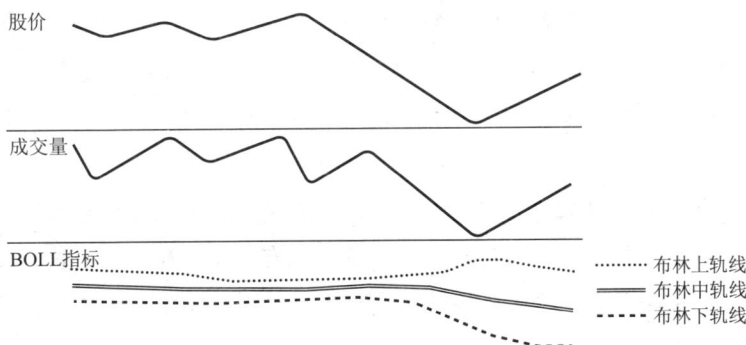

图 2-14　形态示意图

接下来通过真实的案例进行深入学习。

实例分析 华新水泥（600801）放量压价 + 布林中轨线转折共振看跌

图 2-15 为华新水泥 2022 年 12 月到 2023 年 5 月的 K 线图。

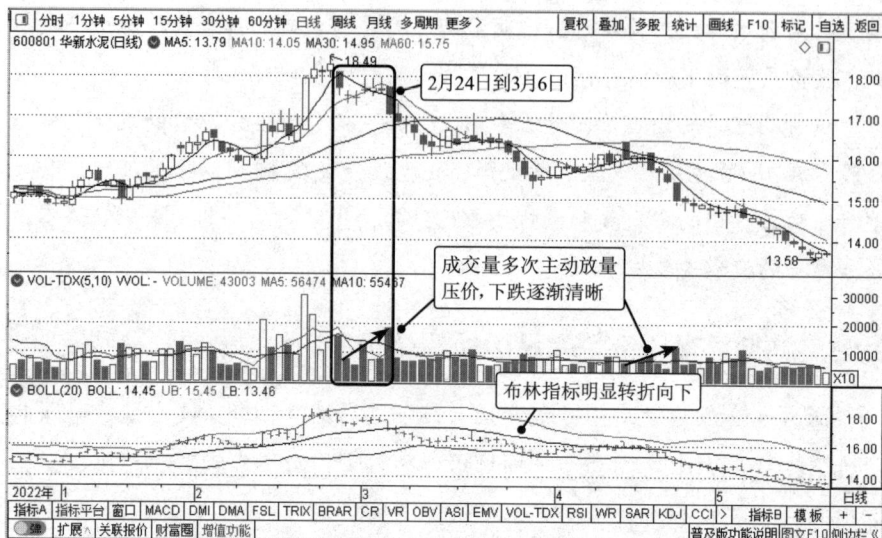

图 2-15　华新水泥 2022 年 12 月到 2023 年 5 月的 K 线图

来看华新水泥的这段走势，从图 2-15 中可以看到，2022 年 12 月到 2023 年 1 月中旬，股价一直与中长期均线纠缠在一起。但是从中长期均线的倾角来看，其实整体是偏向上行的，市场大概率看好，不过投资者可以不着急在此介入。

1 月中旬之后，股价开始大幅上升到中长期均线之上，后续的回踩也没有跌破 30 日均线。与此同时，K 线成功突破布林中轨线，来到布林上通道内震荡运行。布林通道也跟随股价的上涨而选择向上开口，布林三线转向上行，可见上涨还是比较积极的，前期观望的投资者可以跟进。

在股价持续上升的过程中，越到后期，成交量放量的幅度越明显，并且还形成了数个单根量柱，股价在单日放量时也有明显拉升，可见其中有主力在参与。那么投资者就要保持警惕，观察其是否在后续有出货或震仓行为。

这样的强势走势一直持续到 2 月底，在 2 月 24 日，K 线突然收出一根阴线，随后就是数根小 K 线，表现出高位震荡状态。观察下方的成交量可以发现，下跌的几个关键交易日中成交量有所提升，可见是卖方主动压价所致。

这时的布林指标中也有看跌信号出现，因为 K 线已经逐步向下靠近布林中轨线，导致其横向走平，布林上轨线也有转折迹象。

3 月 6 日，K 线再度收阴，下跌到 30 日均线上方，成交量再度放大，明显呈现出放量压价状态。

而且此时的 K 线低点已经接触到布林中轨线，市场风向似乎已经转向看跌。谨慎型投资者当时就应该卖出，惜售型投资者若不能完全确定，就需要进入这几个下跌关键交易中，进一步分析主力是否在大批卖出。

图 2-16 为华新水泥 2023 年 2 月 24 日到 3 月 6 日的分时图。

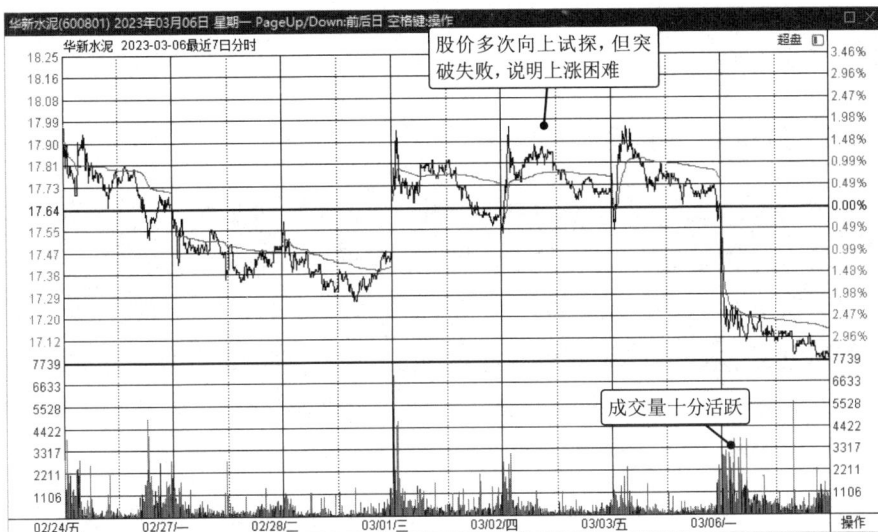

图 2-16　华新水泥 2023 年 2 月 24 日到 3 月 6 日的分时图

图 2-16 展示的是从 2 月 24 日到 3 月 6 日的几个关键交易日的分时走势。其中，2 月 24 日和 3 月 6 日就是股价大幅收阴的两个关键交易日，中间的五个交易日收出的则是小 K 线。

从图 2-16 中不难看出，在大幅下跌的两个交易日中，成交量都有大幅放量，并且单根量柱出现得非常频繁，可见其中有主力的大批出货卖单。

而在中间的几个小 K 线交易日中，股价先是下跌两日，随后在 3 月 1 日到 3 日连续三次开盘后上冲，但都在上探到某一位置后受阻下跌。后续股价虽有再度反弹，但没能突破前期高点，最终以低价收盘。

这三个交易的走势几乎一模一样，而且成交量也是逐日下降，说明市场经过多次试探失败后最终减弱注资力度。但这也可以解读为主力在连续构筑多头陷阱，吸引仍抱有希望的买盘介入，接手自己散出的大批筹码，以达到出货目的。

这一点在 3 月 6 日开盘后的急剧下跌中也有体现，那么这时还持有筹码的投资者就需要尽快卖出。毕竟从 K 线图中后续的走势来看，该股很快跌破 30 日均线，落到 60 日均线上横盘震荡一段时间后，最终还是向下深入空头市场中。

与此同时，布林中轨线也被彻底扭转向下，整个布林通道不久之后转向下行。K 线运行到布林下通道内，说明一波下跌已经到来，此时还未离场的投资者不可继续持股，否则将遭受较大损失。

2.1.6　放量暴跌 + 跳水布林线

放量暴跌也是一种量增价跌的背离，放在下跌初期时，它是主力出货的标志，但是当其出现在下跌的末尾，就有可能意味着盘中有主力在压价吸筹，以便降低持股成本，扩大后市拉升收益。

所以，这意味着股价很有可能在未来一段时间内就出现转折，并且主力的第一波拉升可能也会比较强势，投资者可以抓住机会。

不过需要注意的是，在放量暴跌出现的同时，跳水布林线也可能形成。因为一旦股价短期跌幅较大或是跌速较快，布林下轨线将难以限制价格的运行，或者说是布林通道扩张不及，导致 K 线跌落到布林下轨线之外，具体内容如图 2-17 所示。

技术图示 放量暴跌与跳水布林线共振

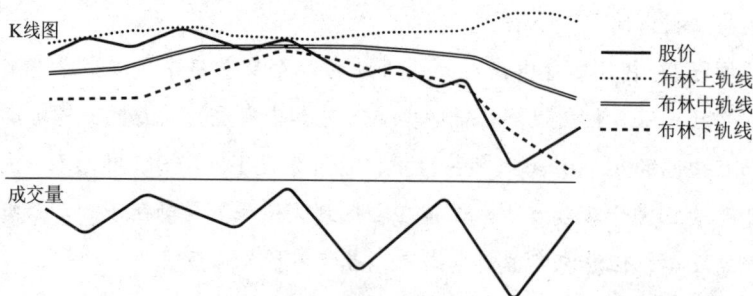

图 2-17　形态示意图

与飞跃布林线一样的是，跳水布林线无法维持太长时间，毕竟主力吸筹也是有限度的，持续压价也会耗费较大能量。

　　因此在跳水布林线结束，K 线回到布林通道内之后，股价就可能在短时间内保持回升状态，甚至突破关键压力线。这时投资者就要注意 K 线与布林中轨线的位置关系，以及成交量的表现。

　　在一般情况下，量能应当是在股价转折之后给予放量支撑的。但在有些时候，主力可能并不会着急在第一波拉升就实现暴涨，因此成交量放量的幅度不会太大，股价也会在突破某些关键压力线之后回调震荡，说明市场正在等待时机。

　　这个时候许多激进型投资者已经买进了，但可能受制于持股时间不得不先行卖出等待，这是非常正常的。当然，中长线投资者也可以不着急卖出。当后续某一位置成交量突然放出巨量，推动股价快速上升彻底突破压力线之后，谨慎型投资者就可以迅速跟进，抓住后续时机。

　　接下来通过真实的案例进行深入学习。

实例分析 陕西煤业（601225）放量暴跌＋跳水布林线共振看跌

　　图 2-18 为陕西煤业 2023 年 4 月到 9 月的 K 线图。

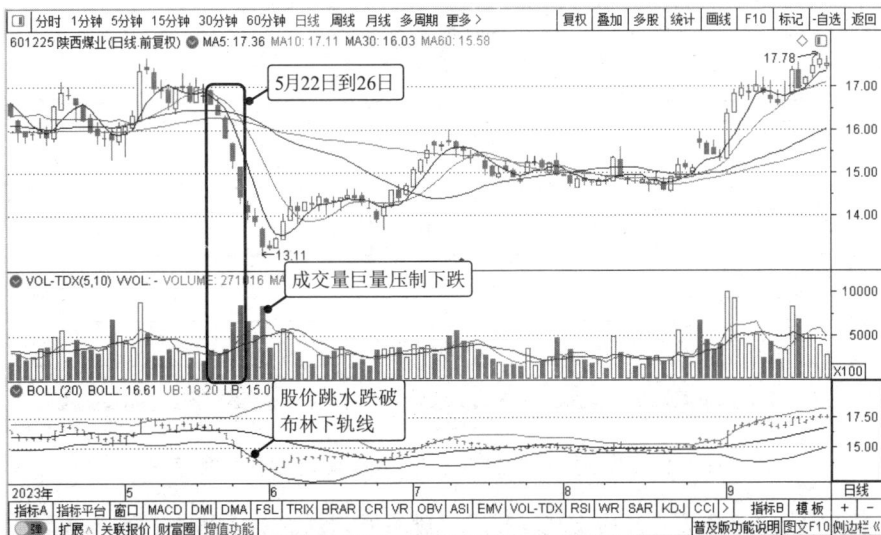

图 2-18　陕西煤业 2023 年 4 月到 9 月的 K 线图

　　从图 2-18 中可以看到，陕西煤业的股价在 2023 年 4 月到 5 月中旬，

K 线大部分时间都处于中长期均线之上震荡，但是这时中长期均线并没有表现出明显的趋势性。

除了在 5 月初股价一次快速上涨的带动下，中长期均线有所上升之外，其他时间的均线走势基本都是横向震荡的，因此当前行情不明，投资者需要保持观望。

到了 5 月中旬之后，K 线突然开始快速收阴暴跌，短短数日内就从 17.00 元价位线附近跌落到接近 14.00 元价位线的位置。而在下跌的过程中，成交量表现出明显的放量压价状态。放在这样的行情中，很明显是主力刻意压价所致，毕竟散户基本不会突然集中抛售，导致价格出现如此暴跌。

而在同一时刻，K 线也彻底跌破布林中轨线，并且在持续暴跌的过程中跌到布林下轨线之外，构筑出跳水布林线形态。这时投资者就可以进入这几个下跌关键交易日中仔细分析。

图 2-19 为陕西煤业 2023 年 5 月 22 日到 26 日的分时图。

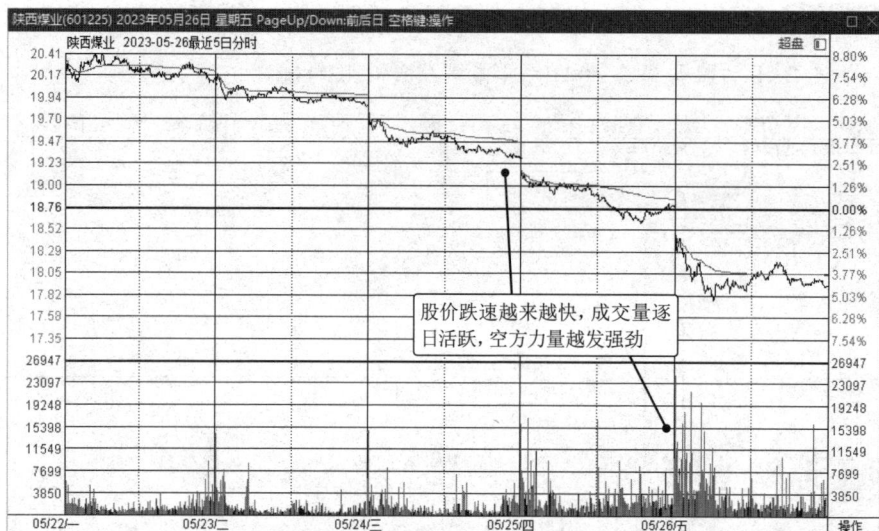

图 2-19　陕西煤业 2023 年 5 月 22 日到 26 日的分时图

在连续五个交易日的下跌过程中，股价线的跌速越来越快，并且每个交易日的成交量也在逐步上升，说明卖方力量越发强劲，而其中的许多单根量柱也证实了其中包含着主力挂出的巨大卖单。

在股价的长期横盘震荡后期，巨量压价和跳水布林线同步形成，基本不太可能是主力大批出货兑利导致的，那么投资者就需要考虑压价吸筹的可能。很显然后者概率更大，因此投资者就要对该股保持高度关注，看后续是否有转折形成。

进入 6 月后，K 线终于开始收阳上升，第一波上涨就成功突破 10 日均线，而且这时 K 线也已经回到布林通道内部，跳水布林线结束，反转到来。但由于上涨幅度不大，投资者还不可以轻易介入。

6 月底，K 线再度连续收阳向上成功突破 30 日均线，连 60 日均线也在数日后被突破。可惜由于成交量并没有给予明显的放量支撑，股价上涨动力不足，此后就在 16.00 元价位线上受阻形成回调，落到 30 日均线附近后反复震荡。

在此期间，尽管 K 线已经突破到布林中轨线之上，但是由于回调的持续进行，K 线开始与布林中轨线纠缠，布林通道也向内收缩，呈现出紧口状态。这是市场正处于横盘整理，后市方向不明的表现。而且在这段时间内成交量表现并不尽如人意，因此投资者不要着急买进。

但也正是由于横盘期间股价低点并未跌破中长期均线的支撑，场内投资者也可以继续持股观望。

这样的僵持一直延续到了 8 月底，成交量开始逐步放量，推动股价彻底向上越过 16.00 元的关键压力线，并形成一波新的拉升。这时布林中轨线也被突破并被扭转向上，布林三线同步上行，传递出清晰的买进信号，投资者这时就可以积极跟进。

2.1.7　持续缩量下跌 + 布林三线下行

持续缩量下跌与前面所介绍的温和攀升放量正好相反，它往往出现在行情转折之后或是下跌途中，成交量会在此期间一波一波向下回缩，股价也会呈现出震荡下跌的状态。

也正是因为这种震荡，布林三线可能会被带动在转折后呈现出持续的下跌，三条指标线在大部分时候向下倾斜，预示下跌的成形。那么场内投资者就有必要借助布林通道对股价的高低点指示信号及时卖出，从而降低损失，如图 2-20 所示。

技术图示 缩量下跌与布林三线下行共振

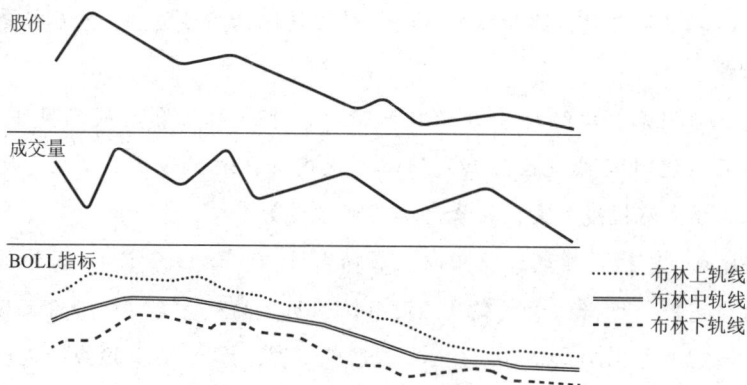

图 2-20 形态示意图

接下来通过真实的案例进行深入学习。

实例分析 保龄宝（002286）缩量下跌 + 布林三线下行共振看跌

图 2-21 为保龄宝 2022 年 6 月到 12 月的 K 线图。

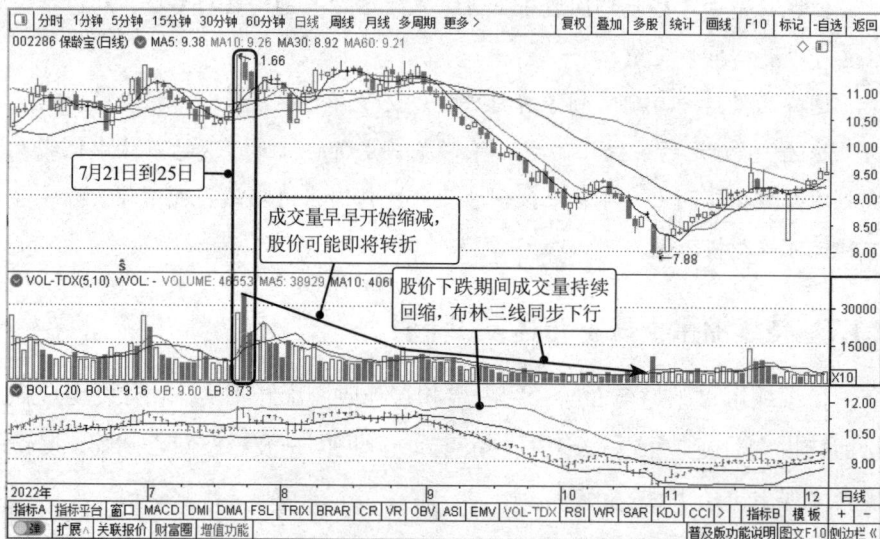

图 2-21 保龄宝 2022 年 6 月到 12 月的 K 线图

在保龄宝的这段走势中，股价于 2022 年 6 月到 8 月几乎一直处于震荡，尽管中长期均线在此期间的倾角是向上的，但是股价高点并没有持续上移，而是在创出 1.66 元的新高后就停滞不前。

在此期间，成交量只是在股价上冲时有过放量支撑，其他时间都基本处于缩减或是走平状态，因此也不难解释为什么股价没有强势上升，投资者最好继续保持观望。

同一时期，布林通道也紧缩在 K 线附近横向震荡，布林中轨线长期与 K 线纠缠。那么在未来发展方向不明的情况，投资者就更要注意 K 线图及分时走势中的异常表现。

在 7 月 21 日到 25 日，成交量明显有异常放量压价，而且量能还高于前期收阳上升期间的，这可能是主力在进行操作，具体意图还需进入分时走势中观察。

图 2-22 为保龄宝 2022 年 7 月 21 日到 25 日的分时图。

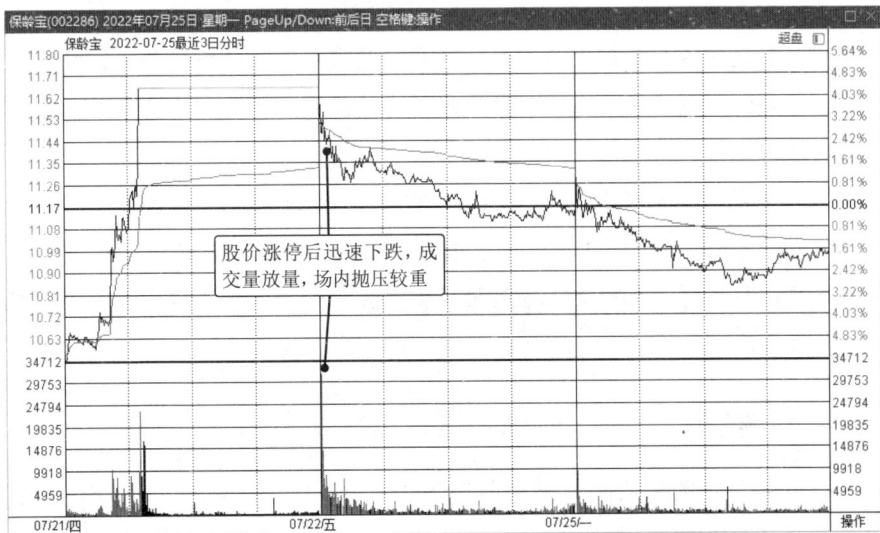

图 2-22　保龄宝 2022 年 7 月 21 日到 25 日的分时图

从图 2-22 中可以看到，7 月 21 日的股价在开盘后不久就被持续放大的成交量推动直线上冲，并在很短时间内冲到了涨停板上。

在涨停的同时，成交量形成一根天量量柱，明显是主力大力注资导致的。放到这样的行情走势中，投资者暂且可以认为是主力在积极推动。至于目的是借高出货还是拉出一波新的上涨，还需要根据后续走势进一步分析，目前不要轻举妄动。

7月22日，股价在开盘后就被一波巨大的成交量压制下跌，最终收出一根大阴线，盘中成交量量能明显高于前一日，大概率就是主力在借高出货，此时投资者可以判断出后续行情会比较危险。这一点在7月25日得到进一步的证实，谨慎型投资者这时就应当卖出。

回到K线图中继续观察可以发现，股价在此之后还是没有彻底跌破中长期均线的支撑，而是反复向上试图突破，但是依旧没能成功。

在此期间，成交量也呈现出明显的回缩状态，形成量缩价涨的背离，更加证实上涨乏力，后续可能随时转折，此时还未离场的投资者要注意了。

转折形成于8月底，K线开始持续稳定下跌，一路跌破中长期均线后呈一条斜线向下深入，期间5日均线和10日均线几乎平行下行。这种情况非常少见，同时也进一步证实了盘中看跌情绪的浓厚。

同一时期内，成交量明显缩减，K线也彻底跌破布林中轨线来到布林下通道内，带动三条指标线同步下行，与成交量形成看跌共振信号。机警的投资者在下跌初期就应该卖出，但是深度被套的投资者可能就需要等待后续反弹的时机。

但可惜的是，即便股价在10月初出现了一波反弹，但高点都没有成功突破布林中轨线，距离30日均线也很远，带来的收益极其微小。若投资者在此卖出，损失将会比较大。如果投资者想要解套，也只能借助后续该股在7.88元触底后形成的一波强势上涨。

2.1.8 量能波段回缩 + 布林向下葫芦串

量能波段回缩与上面一个案例介绍的缩量下跌比较相似，区别就在于成交量可能会在股价下跌的过程中分段放量，但是这些放量的高点会随着时间的推移而逐步回缩，导致股价在不断地震荡中下跌。

股价的震荡会引导布林指标出现向下的葫芦串形态，在这种走势中，投资者可采取与上一个案例中相似的策略，即谨慎型投资者及时在转折形成后就卖出，不幸被套的投资者也要在后续波段震荡的过程中借高止损，如图2-23所示。

技术图示 量能波段回缩与布林向下葫芦串共振

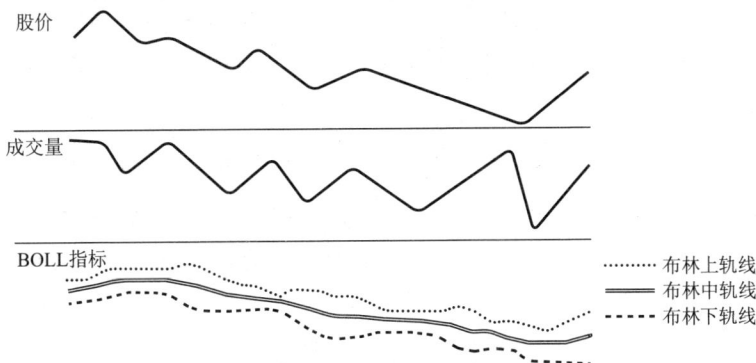

图 2-23　形态示意图

接下来通过真实的案例进行深入学习。

实例分析 浙江建投（002761）量能波段回缩 + 布林向下葫芦串

图 2-24 为浙江建投 2023 年 7 月到 2024 年 2 月的 K 线图。

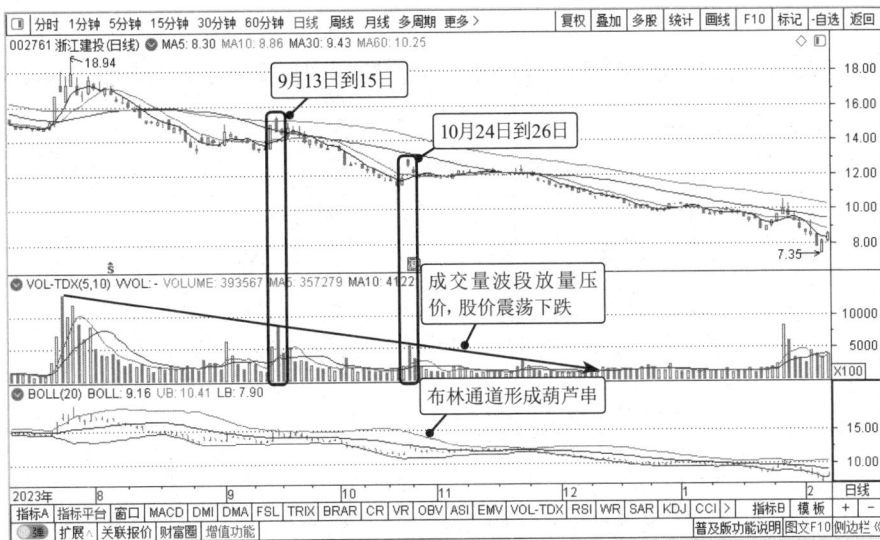

图 2-24　浙江建投 2023 年 7 月到 2024 年 2 月的 K 线图

在浙江建投的这段下跌行情中，单看 K 线的表现可以看到，下跌趋势非常稳定，中长期均线自从覆盖在 K 线上方后就一直保持着平行下行状态。其中 K 线的多次反弹都没能成功突破，说明上方压力较重，投资者需要借助多指标共振进行止损。下面先来看转折点处指标的走势。

根据中长期均线的表现来看，其实该股在 2023 年 7 月以前就已经转入下跌行情之中，只是在 7 月底时形成过一次比较强势的反弹，为投资者带来了一波收益。

在 2023 年 7 月下旬，成交量先是放量推动股价强势突破中长期均线，创出 18.94 元的新高后又缩量回归下跌。明白这是反弹的投资者可以及时在高处卖出，然而判断失误，认为这是上涨行情初期表现进而介入的投资者就有可能被套。

那么当 K 线跌破中长期均线，布林指标也开始转折向下时，这部分投资者也需要及时卖出。若错过这一个卖点，就只能在后续寻找机会了。

股价的第一波下跌在 14.00 元价位线附近止住，K 线在这条支撑线附近反复震荡，并在 9 月 13 日到 15 日进行过又一次上冲，成交量在这几日也有放量表现。下面来看分时走势如何。

图 2-25 为浙江建投 2023 年 9 月 13 日到 15 日，以及 10 月 24 日到 26 日的分时图。

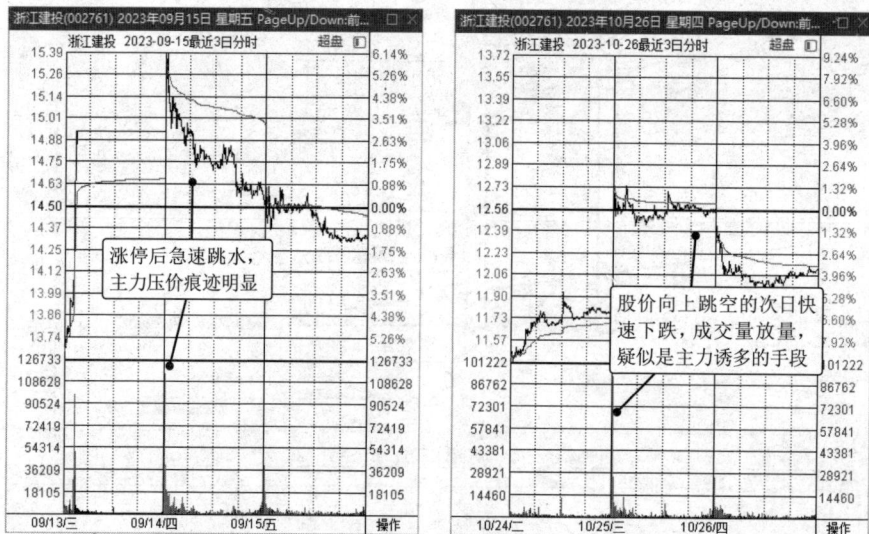

图 2-25 浙江建投关键交易日的分时图

图 2-25（左）就是这三个关键交易日的分时走势。从分时图中可以看到，在 9 月 13 日股价还是以涨停收盘，并且盘中成交量活跃度较高，主力推动

痕迹明显。

单单根据这一交易日的表现，许多投资者都会认为一波强势反弹或是上涨行情可能即将到来。但是 9 月 14 日的走势打破了这一推测，因为股价在跳空向上开盘后很快震荡下跌，最终收出一根长阴线。并且当日的成交量量能高于前期，主力可能是在借此机会抛售剩余筹码。

回到 K 线图中继续观察可以看到，股价没能成功突破 60 日均线，后续下跌得到进一步证实，投资者需要借此机会及时高位卖出止损。在此之后，K 线就彻底跌破 14.00 元的支撑线，来到更低的位置。

10 月下旬，股价跌到 12.00 元价位线上后形成了一次与前期相似的走势。下面来看这几日的分时图。

图 2-25（右）展示的是 10 月 24 日到 26 日的分时走势，尽管在 K 线图中，这几个交易日的成交量表现及 K 线形态与 9 月 13 日到 15 日的比较相似，但在分时走势中还是有些许不同的。

股价在 10 月 24 日虽有快速上涨，但是最终并未涨停。10 月 25 日，股价跳空向上，开盘后横向震荡，最终小幅下跌收盘，到 10 月 26 日才有明显的暴跌。不过成交量也是在股价向上跳空的这个交易日出现明显放量，疑似是主力诱多的手段。

而结合这两次反弹的量能表现来看，成交量是在波段回缩的，传递出的是看跌信号。那么投资者有了前期的经验，就不可以在这个位置跟进。

而从 K 线图中后续的表现来看，股价也确实没能成功突破 30 日均线，到了 11 月下旬时就被再度压制下跌。在这段长久的下跌过程中，布林通道形成一个清晰的向下葫芦串状态，与成交量的波段回缩形成共振，说明下跌行情将延续下去，此时场外投资者最好不要介入。

2.2　OBV 指标与 BOLL 指标共振

OBV 指标全称为能量潮指标，亦称 OBV 线，是将成交量值数量化制成趋势线，配合股价的趋势线，从价格的变动及成交量的增减关系来推测市场气氛的一种成交量型指标。

其理论基础是市场价格的变动必须有成交量配合，若价格的升降没有成交量的相应升降，则市场价格的变动难以继续。

OBV 能量潮指标主要由两条线组成，第一条线为 MAOBV 线，是依据 30 天内的成交量来计算出的 OBV 指标的简单移动平均线，简单来说就是成交量的 30 日均线；另一条线为 OBV 线，是由当日收盘价减去上个交易日的收盘价得出的，如图 2-26 所示。

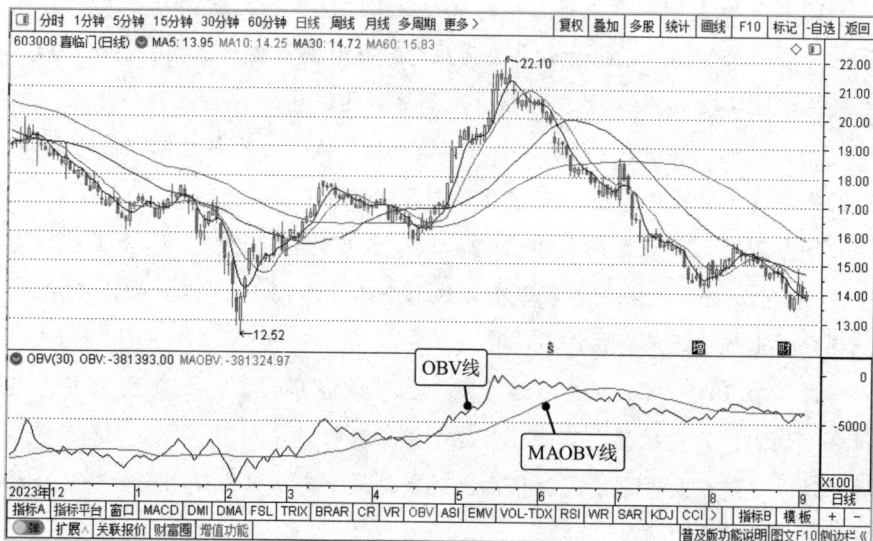

图 2-26　OBV 指标基本构成

单独使用 OBV 线也能判断股价走势，且由于 OBV 能量潮指标是基于成交量得出的数学模型，其对趋势的判断与成交量有一定相似之处，具体内容如下：

①当 OBV 线连续形成锯齿形态，待到上涨到一定高位再出现更大的锯齿形上涨形态，股价又与成交量出现背离时，则上涨的股价可能将出现反转。

②OBV 线的走向与股价曲线产生背离时，说明当时的走势是虚浮的，不管是上涨行情还是下跌行情都可能即将进入尾声，随时有反转的可能。

③OBV 线如果持续一个月以上横向移动，在某时刻突然上冲，则预示大行情随时可能发生。

下面就来看 OBV 指标会与布林指标产生怎样的共振信号。

2.2.1 OBV 突然上涨 + 布林线被突破

前面的理论中提到过，如果 OBV 线在很长一段时间内保持横向震荡，某一时刻突然转折上冲，那么很可能意味着一波大行情的到来。当然这并不是绝对，因为股价可能只是形成一波快速暴涨，但这也能为投资者带来一波丰厚的收益。

如果与此同时 K 线能够成功向上突破布林中轨线，并带动布林三线向上扭转，那么上涨趋势就能够得到进一步确认，投资者买进也会更加放心，如图 2-27 所示。

技术图示 OBV 线转折向上时布林线被突破

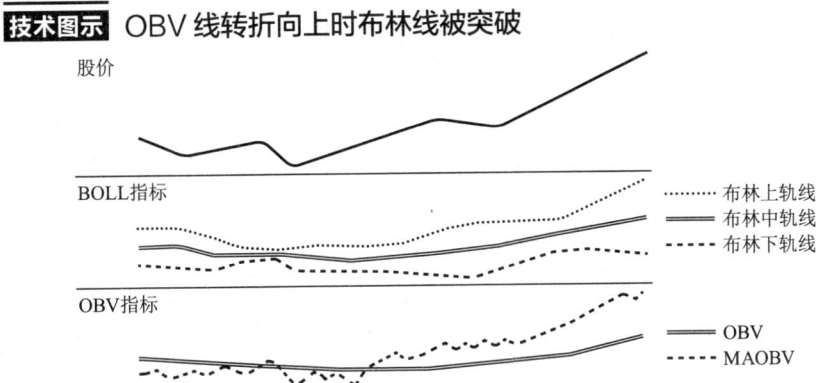

图 2-27　形态示意图

接下来通过真实的案例进行深入学习。

实例分析 新乡化纤（000949）OBV 突然上涨 + 布林线被突破共振

图 2-28 为新乡化纤 2024 年 1 月到 5 月的 K 线图。

从图 2-28 中可以看到，新乡化纤的股价在 2024 年 1 月上旬还处于 3.25 元价位线附近横向震荡，期间波动幅度极小，K 线几乎与均线组合黏合在一起，构筑出一条平行线。

与此同时，布林通道紧缩在 K 线附近，OBV 指标中的两条指标线也保持横向运行，说明股价变盘方向不明，投资者不可轻易介入。

这样的走势一直持续到了 1 月中旬，股价开始连续收阴向下跌落，一直落到 2.50 元价位线下方。在下跌的过程中，K 线自然跌破布林中轨线，并带动其向下扭转，OBV 线也跌到 MAOBV 线下，形成卖出信号。一直在场内保持观望的投资者还是有必要先行出局止损的，场外投资者不可轻举妄动。

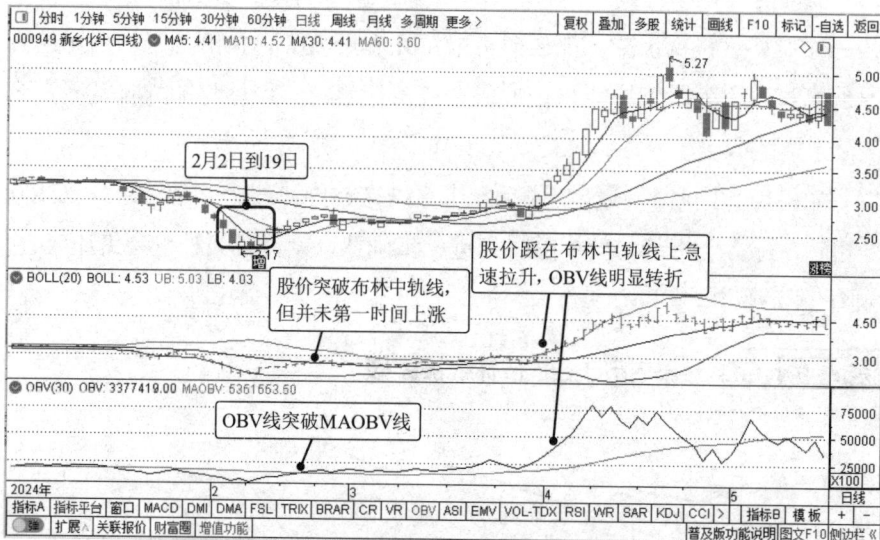

图 2-28　新乡化纤 2024 年 1 月到 5 月的 K 线图

　　在创出 2.17 元的新低后，该股开始反转向上收阳，并逐步接近 30 日均线。在下跌筑底乃至上升的过程中，尽管 K 线并没有构筑出清晰的反转形态，但是分时走势中已经有了一些可供投资者参考的买进信号。

　　下面来看这几个关键交易日的分时走势。

　　图 2-29 为新乡化纤 2024 年 2 月 2 日到 19 日的分时图。

　　图 2-29 中展示的是新乡化纤的股价从下跌到筑底再到反转上升的关键交易日。从图 2-29 中不难看出，这几个交易日联合形成了一个比较清晰的双重底形态。虽然两个低点并不处于同一水平线上导致形态不算十分标准，但是投资者已经可以看出价格多次触底试探后转势上升的积极走势。

　　并且成交量在这几个交易日开盘后第一分钟都有明显的放量，其中可能有主力在参与吸筹，也可能是大批散户在跟随买进，释放出的是看好信号。虽然信号并不强烈，但是也可以提醒投资者开始关注该股。

　　回到 K 线图中继续观察。股价在后续逐步靠近 30 日均线，在接触到后并未第一时间突破，而是横向震荡一段时间后才彻底越过其压制。与此同时，

OBV 线已经成功越过 MAOBV 线来到高相对高位，布林中轨线也被突破，
K 线运行到布林上通道内。

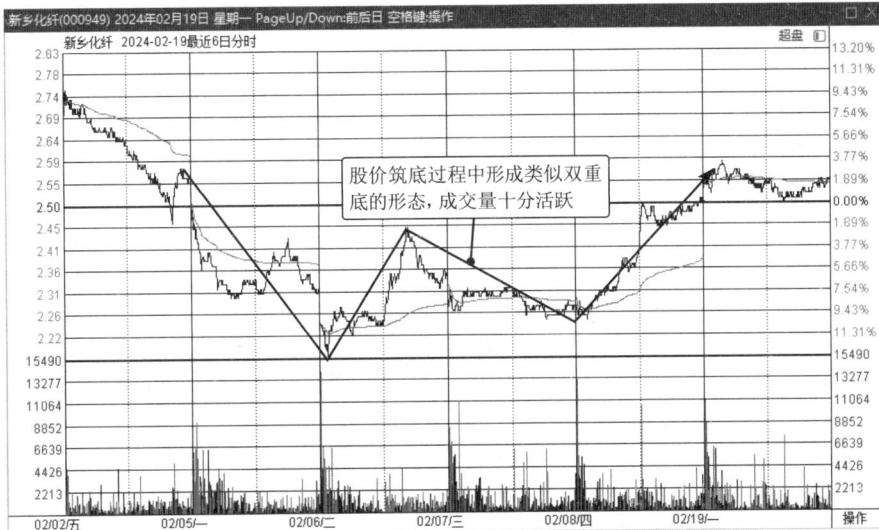

图 2-29 新乡化纤 2024 年 2 月 2 日到 19 日的分时图

不过由于股价当前涨势并不积极，布林通道依旧处于紧缩状态，谨慎型
投资者还可以保持观望，不必着急买进。

这样的走势一直持续到了 3 月底，股价一次向上突破 60 日均线失败后
小幅回踩 30 日均线。在回踩结束后，该股连续收阳暴涨，短期涨幅极大，
实现了一次快速突破。

与此同时，K 线也形成了一个清晰的飞跃布林线形态，而且带动 OBV
线大幅向上转折，预示着一波强势行情的到来。这时谨慎型投资者就要快速
跟进，抓住后续涨幅。

不过可惜的是，这次上涨只是涨幅较大，但持续时间并不长，如果投资
者买进时间较晚，获利空间就不会那么大。当然，获利的前提还是要在后续
OBV 线与股价形成转折背离，K 线向下靠近布林中轨线时及时卖出，这样
才能将前期收益落袋为安。

2.2.2 OBV 拐头下跌 + 布林线被跌破

OBV 线拐头下跌传递出的是股价即将进入快速下跌的信号。这时布林

线如果被 K 线跌破，并被带动扭转向下，那么卖出信号将会非常强烈，无论是何种投资者都不应当再继续停留，具体内容如图 2-30 所示。

技术图示 OBV 线转折向下时布林线被跌破

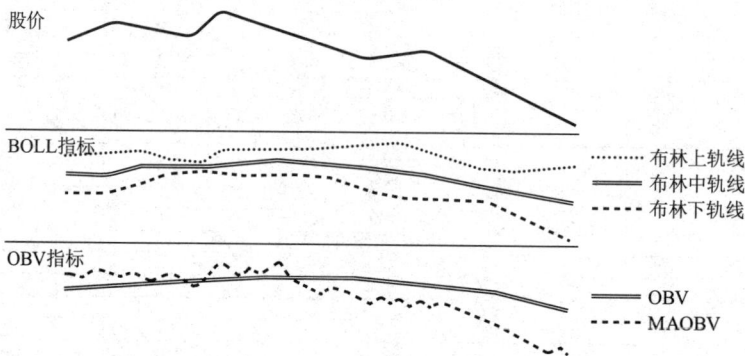

图 2-30 形态示意图

虽然在理论上很好理解，但投资者还是要通过实践进行深入分析。接下来通过真实的案例进行深入学习。

实例分析 华兰生物（002007）OBV 拐头下跌 + 布林线被跌破共振

图 2-31 为华兰生物 2023 年 11 月到 2024 年 4 月的 K 线图。

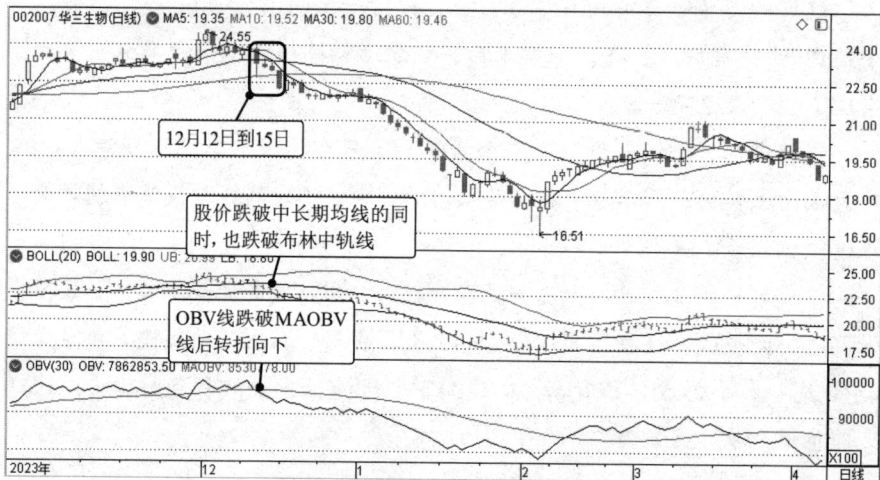

图 2-31 华兰生物 2023 年 11 月到 2024 年 4 月的 K 线图

在华兰生物的这段走势中，股价于 2023 年 11 月到 12 月上旬还在中长期均线的支撑下逐步向上抬升，但上涨的幅度比较小。在创出 24.55 元新高的次日，K 线收阴下跌，在数日后跌破 30 日均线乃至 60 日均线。

与此同时，K 线也将布林中轨线跌破，并将其扭转向下。OBV 线被带动跌破 MAOBV 线，形成一个高位死叉，随后双线转折向下，发出明确的看跌信号。

除此之外，分时图中也包含了很多看跌形态，下面来仔细观察。

图 2-32 为华兰生物 2023 年 12 月 12 日到 15 日的分时图。

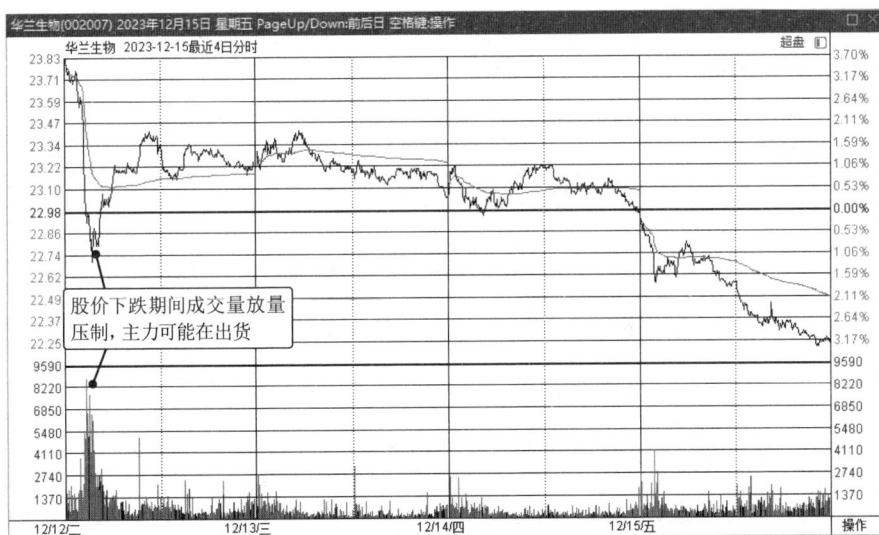

图 2-32　华兰生物 2023 年 12 月 12 日到 15 日的分时图

图 2-32 中展示的是华兰生物几个跌破 30 日均线和 60 日均线的关键交易日的分时走势。其中，12 月 12 日中的股价和成交量异常情况最为明显。在开盘后，成交量就出现了比较明显的放量，并在数分钟内集中大幅抬升。这也导致股价从震荡下跌转为直线下跌，短短数分钟内跌幅超过 4%。

放在单日振幅中，这已经是非常惊人的下跌了。更何况当日 K 线正在跌破 30 日均线，那么这种走势很显然说明不是散户在集中大量抛盘，就是主力在出售剩余筹码。

尽管后续该股在触底后有过一波快速的反弹上升，但是高点明显不及前期，只是小幅突破了均价线的压制，后续也是下跌收出一根阴线。

在未来两个交易日中，K线震荡下跌，单日跌幅较小，但是整体趋势清晰，反应快的投资者已经及时卖出了。

12月15日又是一个跌破60日均线的关键交易日，该股在开盘后也是快速向下，在成交量集中放量的压制下震荡下跌。

这时可以看出当日的成交量量能不如12月12日的，可见主力可能已经到了出货后期，手中筹码已然不多，因此并没有压制股价出现如同12月12日开盘后那样的急速下跌。

但这也证实了主力即将撤离，后续走势相当危险。结合K线图中布林中轨线被扭转向下，以及OBV线转折下跌的指标共振走势来看，此时还未离场的投资者须抓紧时间出售。

第 3 章

趋势型指标和均线型指标共振技术

趋势型指标和均线型指标其实在很多时候具有相似之处，它们都能够在一些特殊形态中直接指示出股价未来可能的运行方向。其中，趋势型指标中的代表是MACD指标，均线型指标中的代表则是MA指标和GMMA指标，本章为读者讲解MACD指标与这两大均线型指标的共振技术。

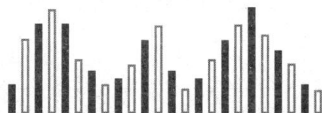

3.1　MACD 指标与 MA 指标共振

在学习 MACD 指标与 MA 指标的共振技术之前，投资者首先需要知道什么是 MA 指标，它的结构和用法又是怎样的。

MA 指标的全称为移动平均线，是用统计分析的方法将一定时期内的证券价格（指数）加以平均，并把不同时间的平均值连接起来形成一条 MA 曲线，用于观察证券价格变动趋势的一种技术指标。

在股市中，MA 指标通常被称作均线，前面几章案例中经常涉及的，叠加在 K 线上辅助投资者分析转折点的中长期均线，就是 MA 指标中的一部分。

图 3-1 展示的是三棵树（603737）的一段走势中的 MA 指标和 MACD 指标的叠加。

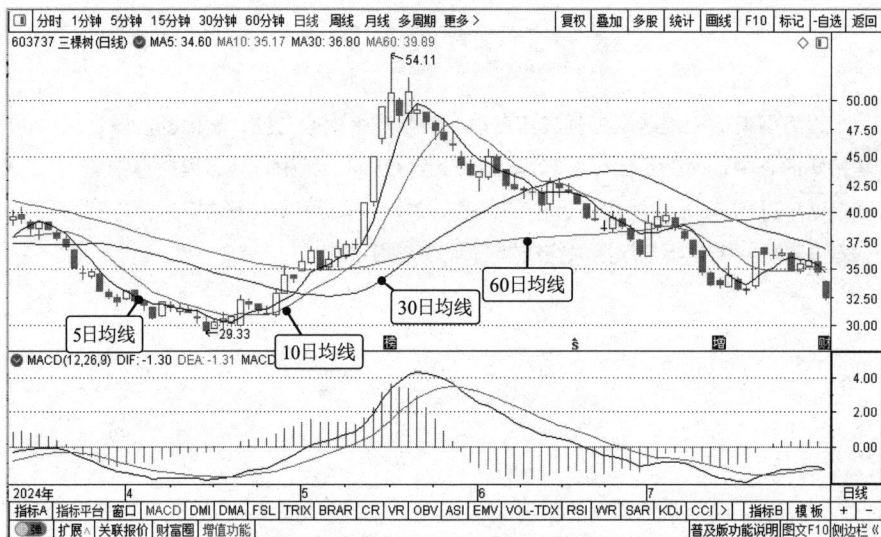

图 3-1　MA 指标与 MACD 指标的叠加

从图 3-1 中可以看到，MA 指标主要以组合的方式呈现，组合又由各种不同时间周期的均线构成，比较常用的有如下几种搭配：

①1 日均线、3 日均线、5 日均线、10 日均线的组合。

②5 日均线、10 日均线、30 日均线、60 日均线的组合。

③30 日均线、60 日均线、120 日均线、240 日均线的组合。

根据图 3-1 中均线的表现来看，5 日均线的波动幅度最大，与股价也最为贴合，但由于震荡过于频繁，对趋势的预示作用就要差很多。相反的，60 日均线的敏感度最低，常常在股价产生变动后很久才有所变化，但因其稳定性较好，对趋势的预示是比较强的。

因此每种搭配都会因为均线的时间周期不同而产生不同的效果，而且因为时间周期的不同，均线会产生不同的走势表现或是各种交叉形态，因此它也是投资者研判的依据之一。

此外投资者要知道，均线不仅可以组合使用，也可以单条使用，不过多数时候还是均线组合研判效果更好，而且均线组合中所包含的均线数量和每条均线的周期都可以自由设置，具体的设置方法如下：

首先，投资者进入 K 线图中后，选中任意一条均线，右击即可调出一个菜单栏，单击其中的"调整指标参数"选项，如图 3-2 所示。

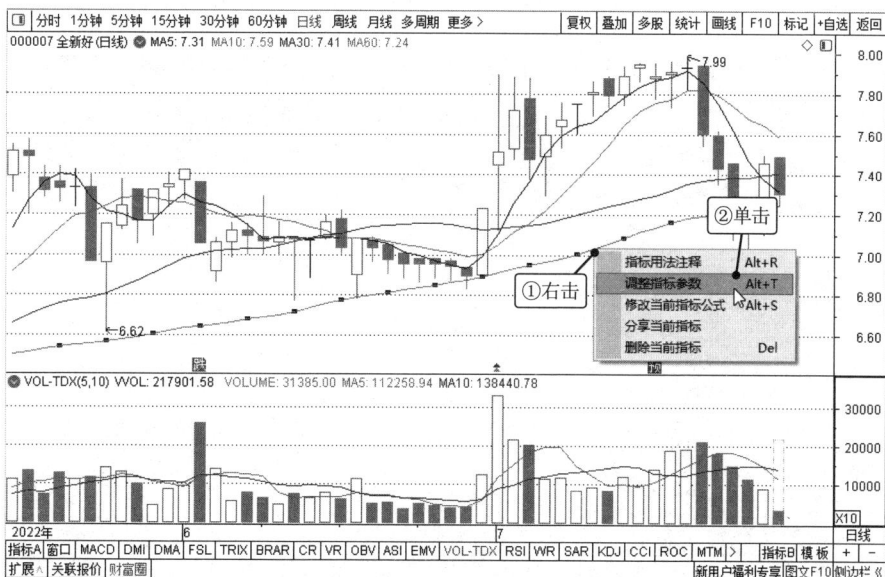

图 3-2　设置均线指标的参数

在单击该选项后，将会弹出一个 MA 指标参数调整的窗口，其中有八条均线可供设置。投资者只需要在输入框中输入不同的数据，就可以逐一调整每一条均线的时间周期。

在输入完成后，指标会自动完成调整，投资者只需单击右下方的"关闭"按钮或是右上方的"×"按钮，就可以回到 K 线图中使用新的均线组合，如图 3-3 所示。

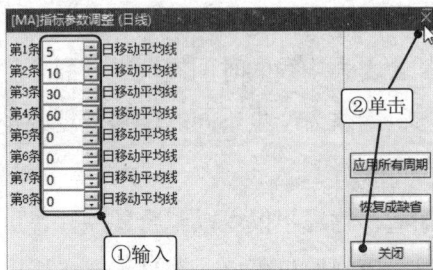

图 3-3　MA 指标参数调整的窗口

不过这只是最基础的修改时间周期的方式，投资者如果有更多需求，还可以单击右键菜单栏中的"修改当前指标公式"选项（图 3-2 中显示的右键菜单栏），就可以进入指标公式的设置窗口，如图 3-4 所示。

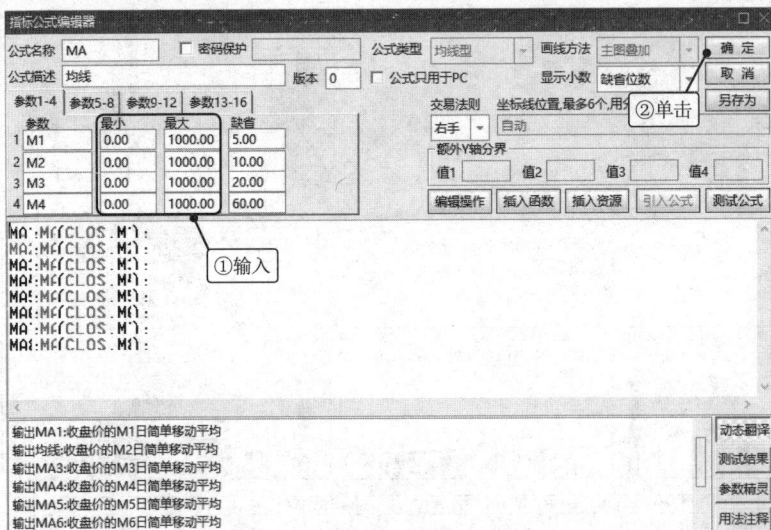

图 3-4　MA 指标公式设置的窗口

在这个窗口中，投资者将有更多的设置选择。不过需要注意的是，均线作为炒股软件的系统指标，其公式是不允许修改的，即下方输入框中的代码，画线方式也只能是叠加在主图中。它不像非系统指标，可以任意修改指标公式，或是将指标移到副图中展示，甚至改变指标颜色等。不过，投资者可以修改每条均线的默认最大周期和最小周期。

一般来说，均线指标的默认最大周期为 1 000，最小周期为 0，这已经满足了大部分投资者的需求。但如果有的投资者想使用超长期均线，比如 1 200 日均线时，在简单的参数调整窗口中是无法设置的，这时候就要到这一个窗口中进行最大周期的调整。

投资者只需在最大周期的输入框中，将对应的均线最大值修改到想要的值，然后单击右上方的"确定"按钮就可以了，如图 3-4 所示。调整最小周期也是一样的操作，这样一来，投资者就可以在简单的参数设置窗口中大幅上调均线的周期。

下面就来深入学习 MACD 指标与 MA 指标的共振技术。

3.1.1　MACD 低位金叉 + 均线银山谷

MACD 指标的低位金叉已经在前面的案例中有过充分介绍了，这里不再赘述。均线的银山谷是指股价在经过一段时间的整理或下跌后，均线组合中的短期均线由下往上穿过中等周期均线和长周期均线，中等周期均线再由下往上穿过长周期均线而形成的一个尖头朝上的不规则三角形。

二者形成共振时，就会产生如图 3-5 所示的形态。

技术图示　**MACD 低位金叉时均线形成银山谷**

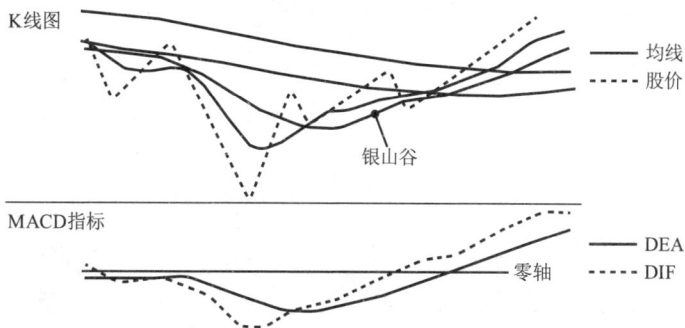

图 3-5　形态示意图

　　既然有银山谷，那么就有与之对应的金山谷。不过这两个山谷的技术形态其实是一致的，只是出现的时间和位置不同。

　　两个山谷一般出现在上涨行情的初期，首先形成的是银山谷，代表股价开始进入上涨之中，位置相对较低。其后出现的便是金山谷，意味着股价在经过整理后再次开始拉升，更加确定了上涨行情的形成。

　　金山谷与银山谷之间的距离越远，相对位置越高，那么对后市看涨的预示就越强烈。与此同时，若 MACD 指标能够在银山谷的位置形成一个低位金叉，在金山谷出现后再构筑出二次金叉，投资者就可以更加大胆地买进。

　　接下来通过真实的案例进行深入学习。

实例分析 **喜临门（603008）MACD 低位金叉 + 均线银山谷共振**

　　图 3-6 为喜临门 2023 年 12 月到 2024 年 5 月的 K 线图。

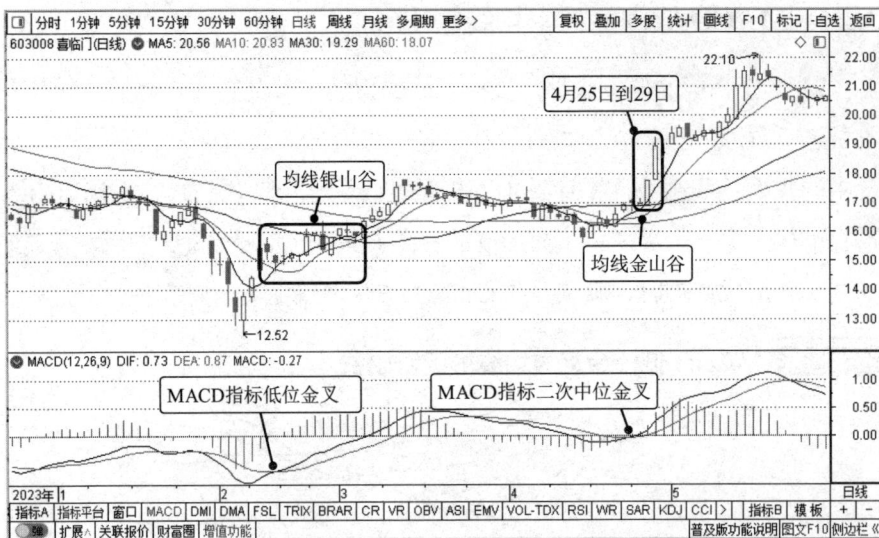

图 3-6　喜临门 2023 年 12 月到 2024 年 5 月的 K 线图

　　在喜临门的这段走势中，中长期均线的表现已经充分说明股价在前期是处于下跌行情之中的，并且由于 30 日均线和 60 日均线之间的距离较远，市场颓势清晰，大量投资者已经撤离。

到了 2023 年 2 月初，股价在经历一波快速下跌后来到了 13.00 元价位线下方，并在此触底反转，开始逐步向上拉升。与此同时，5 日均线被带动向上突破 10 日均线，二者很快扭转向上靠近 30 日均线。

再来看 MACD 指标的表现，可见 DIF 已经跟随股价的上涨而转折，并成功突破 DEA，在零轴下方形成一个低位金叉。此时，双指标的共振已经完成了一半，而均线的银山谷形成在即。

2 月底到 3 月初的这段时间内，股价先是向上突破 30 日均线的压制，随后便是 5 日均线和 10 日均线对该压力线的突破。这样一来，一个不规则的尖角向上的三角形就形成了，也就是均线的银山谷形态。

此外，MACD 指标线也在后续成功越过零轴，来到多头市场内，在指标共振成型的同时也传递出清晰的买进信号。这时，在前期一直保持观望的谨慎型投资者也可以迅速入局。

不过该股并未立即形成一波拉升，而是在突破 60 日均线后于 18.00 元价位线下方受阻，随后开始回调整理。由于此次回调时间较长，幅度也不小，MACD 指标受到影响回落形成死叉，短线投资者可根据情况卖出观望，中长线投资者还不着急。

4 月中旬，股价小幅跌破 30 日均线后在 60 日均线附近得到支撑，开始收阳回升。在上涨的过程中，MACD 指标跟随转折，在零轴上形成了一个中位金叉，同时相较于前期也算一个二次金叉。这时投资者就要特别注意均线组合的表现，看是否会有金山谷形成。

4 月底，K 线突然拉出了几根长阳线，成功越过 30 日均线的同时也带动 5 日均线和 10 日均线再度突破 30 日均线，构筑出金山谷形态，宣告指标共振再次形成。

而除此之外，这几个连续上涨的交易日中也有着关键信息。

图 3-7 为喜临门 2024 年 4 月 25 日到 29 日的分时图。

4 月 25 日的股价还在横向整理，期间成交量活跃度不高，市场仍在观望。但到了 4 月 26 日，尤其是午盘之后，股价在成交量突兀集中放量的刺激下斜线拉升，最终收出长阳线，可见是主力所为。放在这样的行情走势中，大概率是拉升在即的标志。

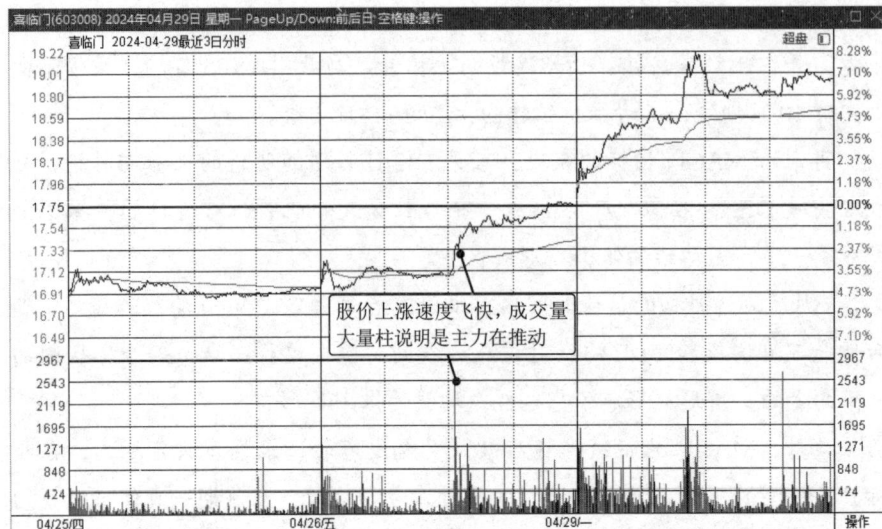

图 3-7　喜临门 2024 年 4 月 25 日到 29 日的分时图

　　4 月 29 日的走势也证实了这一点，股价上涨的速度越发加快，盘中还有过一次冲高回落，不过最终形成的也是长阳线。结合 K 线图中的指标共振信号来看，投资者应当迅速跟进，抓住后续涨幅。

3.1.2　MACD 空中电缆 + 回调不破均线

　　MACD 空中电缆形态又称空中缆绳，需要 MACD 指标线先在零轴以下形成一个低位金叉，随后逐步上行至零轴以上，DIF 在股价回调的带动下向下靠近 DEA，两条指标线黏合在一起，形似缆绳，不久之后再度分开，回归上扬走势之中。

　　空中缆绳的形态大概率是股价从低位反转上涨后回调整理形成的，只是整理期间股价多是在横向走平，并且大概率不会跌破关键支撑线，相对比较温和，如图 3-8 所示。

　　这样的指标共振传递出的就是观望信号，指示投资者保持谨慎，持股的投资者不着急卖出，场外的投资者也要等待下一波上涨的时机。

技术图示 **MACD 空中电缆时股价回调不破均线**

K线图

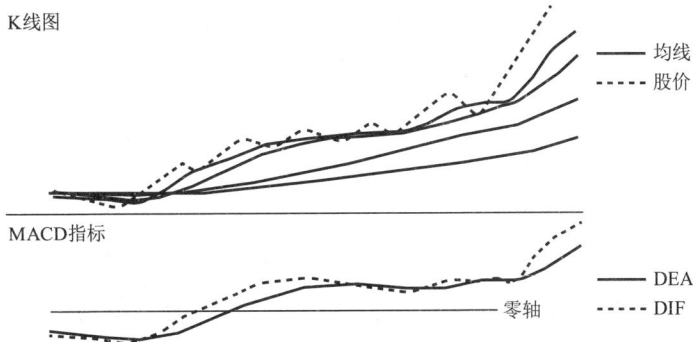

图 3-8　形态示意图

接下来通过真实的案例进行深入学习。

实例分析 **石英股份（603688）MACD 空中电缆 + 回调不破均线共振**

图 3-9 为石英股份 2021 年 5 月到 8 月的 K 线图。

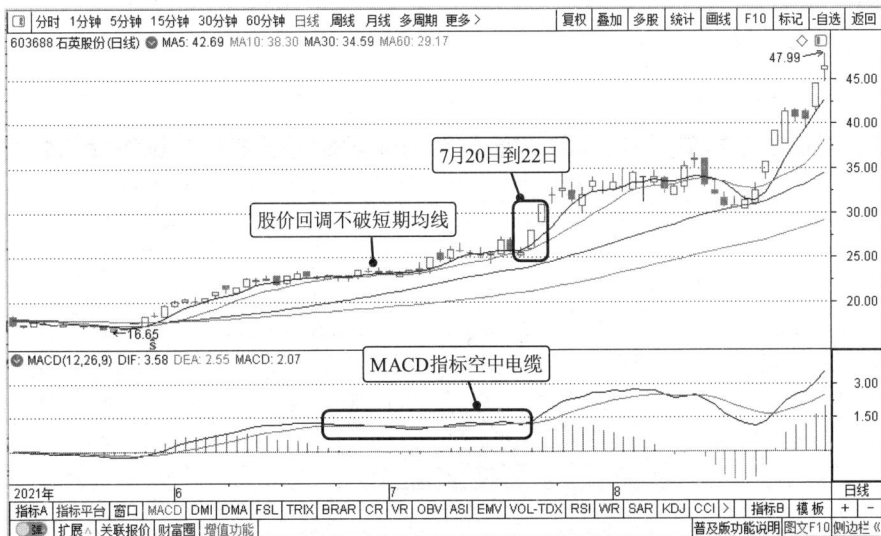

图 3-9　石英股份 2021 年 5 月到 8 月的 K 线图

2021 年 5 月，股价尚处于较低位置小幅波动，一直到月底在 16.65 元的位置处触底后才开始逐步回升。与此同时，长期位于零轴附近缓慢下移的 MACD 指标也形成一个低位金叉后上行，并随着股价突破中长期均线的走势而突破零轴。

在后续半个多月的时间内，股价都一直维持着比较稳定且快速的上涨，期间 5 日均线和 10 日均线几乎平行，MACD 指标线也积极深入多头市场，买进信号清晰，大量投资者跟进。

不过在上涨到接近 25.00 元价位线附近时，股价开始横向走平，并且波动幅度被缩得极小，导致 5 日均线和 10 日均线黏合在一起，不过股价并未跌破这两条均线。

这时来观察 MACD 指标的表现可以看到，DIF 也在回调靠近 DEA，并形成了一段横向纠缠的电缆走势。结合前期的低位金叉来看，空中电缆的形态已有雏形，只差后续的向上发散了。那么场内投资者就可以不着急卖出，场外投资者也可保持观望。

数日之后，股价终于有了向上的明显变动，K 线成功突破到 25.00 元价位线上方，并在 7 月 21 日和 22 日收出大阳线拉升，使得 MACD 指标中的 DIF 很快向上与 DEA 拉开距离，空中电缆形态彻底成型。下面来看这两个关键交易日的分时走势。

图 3-10 为石英股份 2021 年 7 月 20 日到 22 日的分时图。

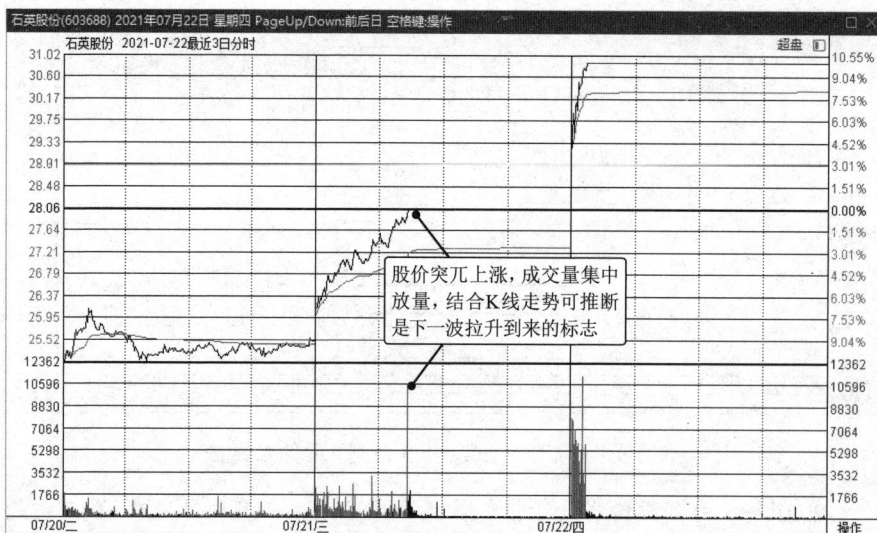

图 3-10　石英股份 2021 年 7 月 20 日到 22 日的分时图

7 月 20 日，股价还处于突破后横盘整理的阶段，但到了 7 月 21 日，股价直接跳空向上以高价开盘，并在开盘后立即形成积极拉升，最终涨停。在涨停的同时，成交量还放出一根巨大的量柱，明显是主力在推动，那么其目的就很清晰了，即开启下一波上涨。

7 月 22 日更加积极的拉升也证明了这一点，反应快的投资者当时就应该积极挂单跟进。没能抓住时机在涨停之前买进的投资者，也可以在后续开板后挂单，尽快吸纳筹码。

3.1.3　MACD 黑马飙升 + 均线金蜘蛛

MACD 指标的黑马飙升形态是一种典型的看涨形态，具体指的是股价急速上涨，带动 MACD 指标线迅速向上拉升，DIF 与 DEA 之间的距离持续加大，DIF 在 MACD 红柱的支撑下不断上扬。

均线的金蜘蛛形态则是指在股价由走平或是小幅震荡转为快速上涨的过程中，短期均线自下而上突破中长期均线时，三条及以上的均线正好交叉于同一点，形成的类似于蜘蛛腿的形态，如图 3-11 所示。

技术图示 MACD 黑马飙升时均线形成金蜘蛛

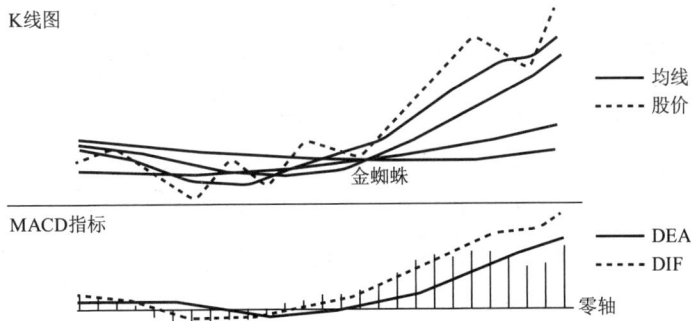

图 3-11　形态示意图

这两种形态在实战中其实并不常见，尤其是均线的金蜘蛛。首先，要让 MACD 指标形成黑马飙升形态，股价大概率是从横盘转为突然拉升的，股价短时间内的上涨速度需要非常快。自然交易情况下很难出现这种走势，所以主力参与的痕迹十分明显。

金蜘蛛的巧合性更强，一旦形成，买进信号会和金银山谷一样可靠、有效，那么这两大形态的指标共振就会进一步增强投资者的买进信心。

接下来通过真实的案例进行深入学习。

实例分析 岱勒新材（300700）MACD 黑马飙升 + 均线金蜘蛛共振

图 3-12 为岱勒新材 2023 年 4 月到 8 月的 K 线图。

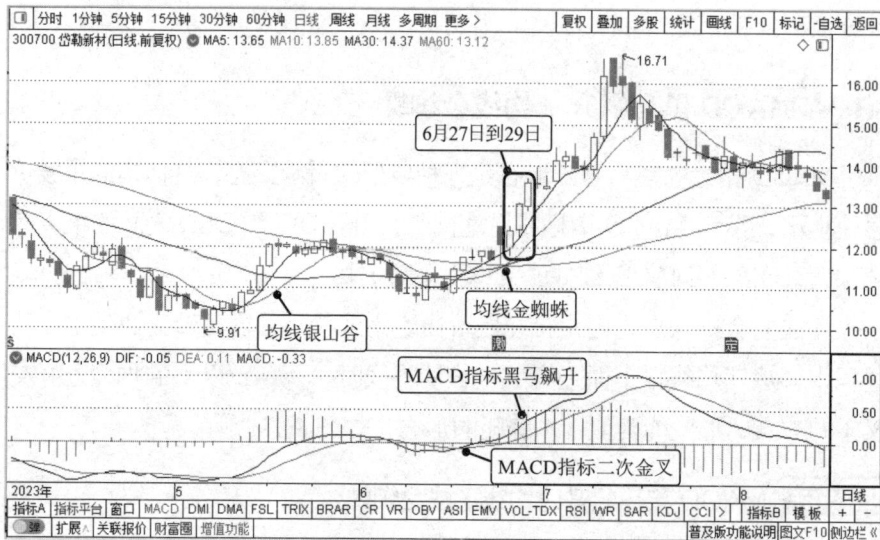

图 3-12　岱勒新材 2023 年 4 月到 8 月的 K 线图

在岱勒新材的这段走势中，股价于 2023 年 5 月初才止住前期跌势，开始拐头向上。不过第一波拉升看起来更像是一次不成功的反弹，因为股价在上涨到 60 日均线附近后就受阻下跌了，期间虽然形成过均线银山谷和 MACD 指标低位金叉，但既然突破失败，谨慎型投资者就还需等待机会。

6 月上旬，股价跌到 11.00 元价位线附近得到支撑筑底，低点相较于前期有明显上移。那么投资者就可以大胆猜测，该股后续可能有机会彻底突破中长期均线的压制。

这一推测在 6 月中旬之后得到了证实，股价确实在震荡中拉升，并成功越过了两条中长期均线。与此同时，不仅 MACD 指标再次形成一个相较于前期位置更高的低位金叉（也可以看作二次金叉），10 日均线和 30 日均线还联合向上，在同一时间突破 60 日均线，构筑出一个标准的金蜘蛛形态。

而且在金蜘蛛成型的同时，DIF 和 DEA 相继越过零轴，二者之间距离拉远，使得 MACD 红柱持续伸长，支撑在 DIF 下方，形成黑马飙升的积极形态，与均线金蜘蛛产生共振。

如此多在同一时间形成的积极形态，已经充分证明了当前市场追涨的热切及后市该股拉升的潜力。那么当投资者发现该股在 6 月底还连续收出大阳线，盘中预示出主力参与痕迹时，更应该及时低位建仓了。

图 3-13 为岱勒新材 2023 年 6 月 27 日到 29 日的分时图。

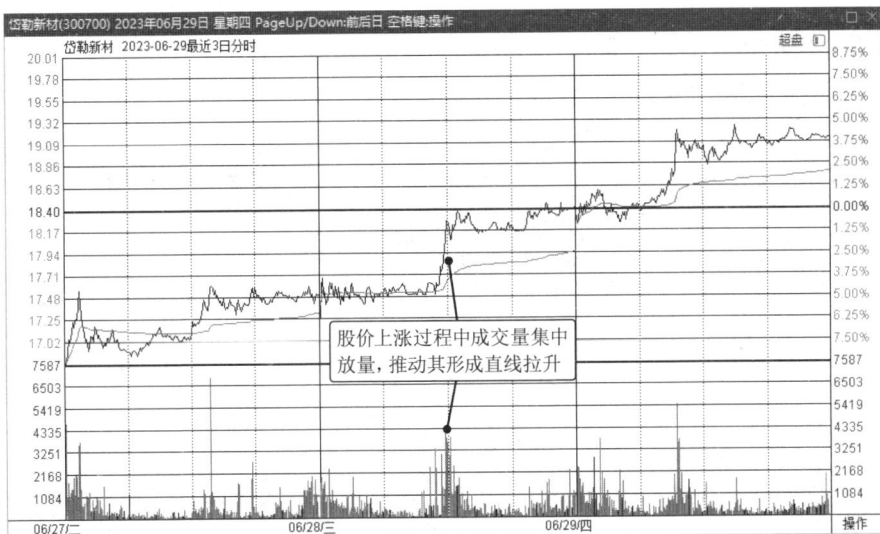

图 3-13　岱勒新材 2023 年 6 月 27 日到 29 日的分时图

6 月 27 日到 29 日是股价突破中长期均线后连续收出阳线的三个交易日，从图 3-13 中可以看到，成交量频繁在盘中出现集中式的放量，单根大量柱也经常出现，大概率是主力集中挂单形成的。

并且在成交量集中放量时，股价线都有明显的快速拉升，后续又走平收盘。连续三日的走势都如此相似，可见主力操作的风格稳定，后市上涨有保证，投资者可大胆跟进。

3.1.4　MACD 底背离 + 均线向上扭转

MACD 指标的底背离是该指标最为常用的研判形态之一，具体是指在下跌后期股价低点持续下移的过程中，MACD 指标的低点却反而上升的背离形态。

而均线的向上扭转也很好理解，是指股价筑底后转势上涨的过程中，先带动短期均线向上扭转，在突破中长期均线后不久也将其扭转向上，形成的一种看涨形态。

这两种走势往往先后形成，MACD 指标底背离在前，均线的扭转在后，如图 3-14 所示。

技术图示 MACD 底背离时均线形成向上扭转

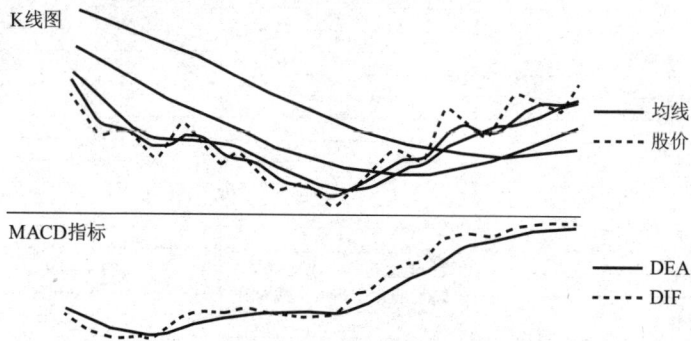

图 3-14 形态示意图

前面章节中所介绍的均线金银山谷和金蜘蛛形态，都是均线扭转的结果。一般来说，投资者主要观察 30 日均线的扭转会更加稳妥，毕竟短期均线敏感度太高，60 日均线的滞后性又太强。

当 MACD 指标底背离形成时，一部分激进型投资者可以在股价转势之后立即建仓。而当均线扭转成型，MACD 指标线也成功突破零轴时，谨慎型投资者也可以买进了。

接下来通过真实的案例进行深入学习。

实例分析 东方雨虹（002271）MACD 底背离 + 均线向上扭转共振

图 3-15 为东方雨虹 2022 年 8 月到 2023 年 1 月的 K 线图。

2022 年 8 月到 10 月中旬，东方雨虹的股价几乎一直处于下跌之中，其中的几次反弹都没能向上靠近 30 日均线，更不要说突破，可见市场看跌情绪占优。

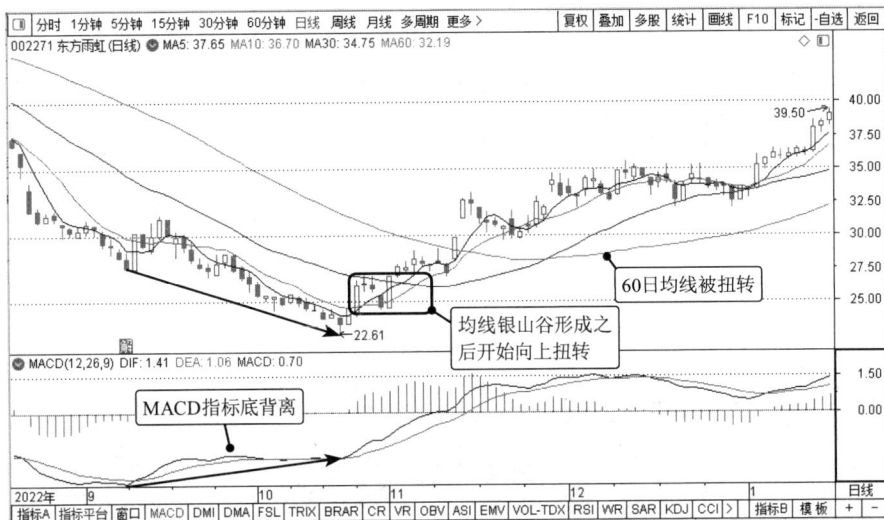

图 3-15　东方雨虹 2022 年 8 月到 2023 年 1 月的 K 线图

观察这段时间内 MACD 指标的走势可以看到，在股价于 9 月上旬形成了一次稍微明显的反弹之后，DIF 就长期保持在 DEA 之上运行。即便在后续股价回归下跌的过程中，DIF 也没有彻底跌破 DEA，而是与之黏合在一起，形成的是与空中电缆对应的海底电缆形态。

海底电缆与空中电缆的技术形态一致，只是形成在零轴之下，不过传递出的也是看涨信号。而且在此之后股价于 22.61 元处筑底，形成的低点下移的走势与 MACD 指标的低点上移明显背离，底背离成型。

这时，部分投资者其实已经可以分析出该股可能即将转势上涨，进而提前抄底建仓。但股价尚未发生明显转折，谨慎型投资者仍需以观望为主。

10 月下旬，该股开始收阳向上，在震荡中很快突破 30 日均线。5 日均线和 10 日均线先后被 K 线扭转向上，在突破 30 日均线形成银山谷后不久，也带动其拐头向上完成扭转。

那么结合前期的 MACD 指标底背离来看，看涨共振信号已经发出，即便 60 日均线还未被突破，投资者也可以尝试介入了。

到了 11 月上旬，三条周期较短的均线先后突破 60 日均线，并在后续的持续上涨过程中将其扭转向上，明确了一波上涨行情的成形。这时，还未买进的投资者就要抓紧时间。

3.1.5　MACD 顶背离 + 均线向下扭转

MACD 指标的顶背离与底背离相反，是指股价在上涨到行情后期时，虽然价格高点在不断上移，但 MACD 指标的高点却提前向下，形成了顶部反转背离。

若在 MACD 指标的顶背离出现之后，K 线很快转势下跌并逐步扭转均线组合，那么投资者就要注意根据自身操作风格和风险承受能力及时清仓或减仓，如图 3-16 所示。

技术图示 MACD 顶背离时均线形成向下扭转

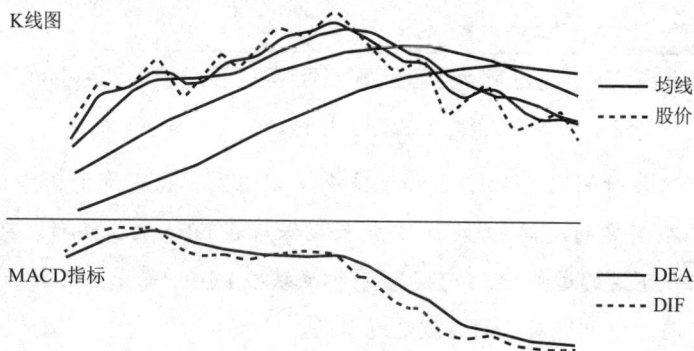

图 3-16　形态示意图

接下来通过真实的案例进行深入学习。

实例分析 天合光能（688599）MACD 顶背离 + 均线向下扭转共振

图 3-17 为天合光能 2022 年 6 月到 10 月的 K 线图。

从图 3-17 中可以看到，天合光能的股价在前期涨势还算稳定，但是震荡幅度较大，这也导致了 MACD 指标的持续波动。

7 月底，股价在 85.00 元价位线处受阻后小幅回调，数日后继续拉升，虽然成功突破该压力线并创出 88.33 元的新高，但上涨幅度并不大。

这时来观察 MACD 指标可以发现，随着股价高点的上移，MACD 指标中 DIF 的高点却转而下行，与之形成了一个清晰的顶背离形态。

很显然，这是股价上涨动力不足，后续可能即将转入下跌的警示信号，这也与股价上涨到后期涨幅较小的表现比较吻合。那么投资者在发现股价开始横盘震荡，迟迟无法继续上升时，就要注意其是否会产生转折了。

图 3-17　天合光能 2022 年 6 月到 10 月的 K 线图

8 月 19 日，该股巨幅收阴下跌并彻底跌破 30 日均线的走势向投资者传达了清晰的转势信号，下面来看其分时走势。

图 3-18 为天合光能 2022 年 8 月 18 日到 19 日的分时图。

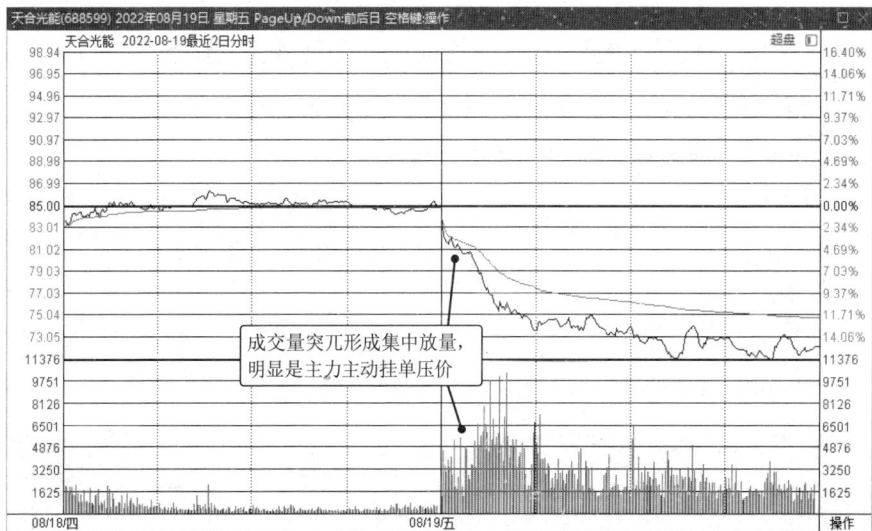

图 3-18　天合光能 2022 年 8 月 18 日到 19 日的分时图

8月18日股价还在高位横盘震荡，期间股价线走势平缓，成交量表现为整体缩减，市场情绪稳定。但在8月19日开盘后，盘中就立即出现了巨量压价，股价快速下跌到极低位置，单日跌幅超14%，十分惊人。

如此突兀的放量和如此多的挂单量，已经证明了主力正在主动卖出压价。而根据K线图中股价当日跌破30日均线的走势来看，其出货的可能性极高，股价大概率会很快转入下跌行情，而非前期的回调。

事实也确实如此，尽管股价后续有过反弹，但高点仅接触到30日均线后就拐头向下了。这时的30日均线已经走平，并随着股价的持续下跌而彻底被扭转，与MACD指标前期的顶背离和目前跌破零轴的走势形成共振，传递出强烈的卖出信号，投资者不可再停留。

3.2　MACD指标与GMMA指标共振

GMMA指标也是均线型指标的一种，全称为顾比移动复合平均线，也常被称为顾比指标或顾比均线。

顾比均线由两组周期不同的均线构成，其中，短期组为3日均线、5日均线、8日均线、10日均线、12日均线及15日均线；长期组为30日均线、35日均线、40日均线、45日均线、50日均线及60日均线，如图3-19所示。

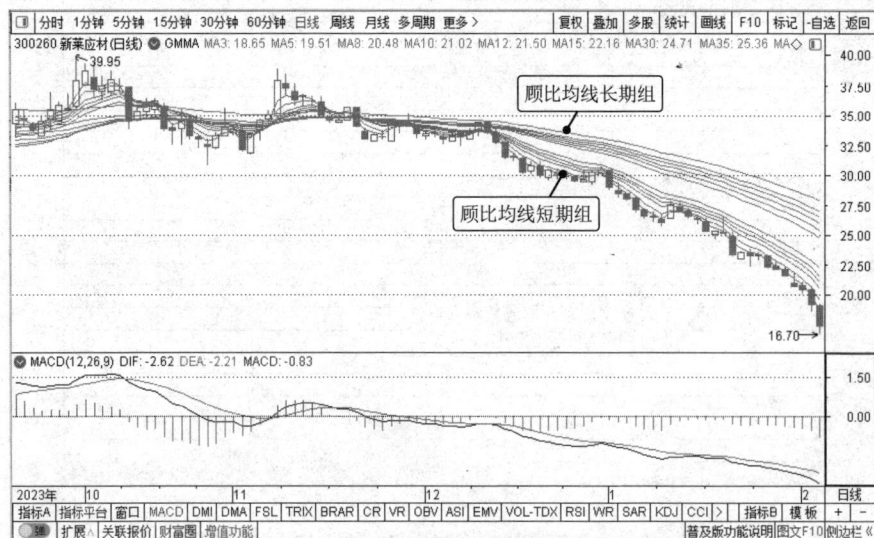

图3-19　顾比均线的构成

实际上，顾比均线就是均线指标的进阶实战应用版，其中的短期组均线起到的作用是研判短期走势和股价震荡情况，长期组均线则主要用于观察大趋势的转变和当前行情的延续情况。

除此之外，顾比指标中每一个均线组合内部的发散、收敛形态，两个组合之间的发散、收敛形态，以及 K 线对它们的突破、跌破情况，都能够为投资者提供丰富的信息。

比如在止盈止损的判断上，相较于其他均线型指标来说，顾比均线就具有一定优势。

简单来说，顾比指标中短期组均线的方向变动情况可以作为投资者止盈的参考，长期组均线的转向及与短期组均线的交叉位置则可以作为止损的判断依据。

由于长期组均线的扭转需要一定时间，因此在行情顶部和大幅下跌的前夕，顾比均线的止盈止损功能最为突出。

如果股价只是出现小幅度或是短时间的下跌，那么长期组均线可能不会产生大的变动。短线投资者依旧可以在短期组均线转势时止盈出局，中长线投资者则可以在长期组均线保持上行的状态下继续持有，直到长期组均线也产生变化。

下面就来学习 MACD 指标与顾比均线的共振技术。

3.2.1　MACD 突破零轴 +GMMA 向上发散

MACD 指标能够突破零轴，往往意味着股价有了较为重大的改变，比如突破了中长期均线或是前期压力线等。

而在突破完成后，若股价能够持续上升并带动顾比均线组合向上发散，那么上涨行情就可以得到进一步确认，对于投资者来说是很好的买进机会，如图 3-20 所示。

技术图示 MACD 突破零轴时 GMMA 向上发散

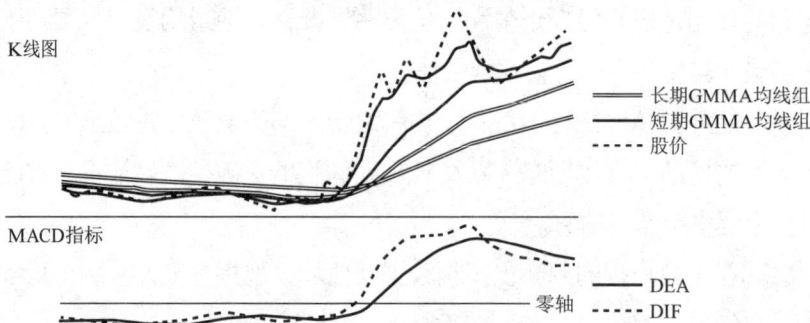

图 3-20　形态示意图

由于顾比指标包含的均线数量太多，全数绘制容易产生混乱。为方便展示两个均线组合的大致走势，形态示意图中只勾勒了每个均线组中时间周期最长和最短的两条均线，这样投资者也可以清晰观察到均线组合内部和均线组之间的发散形态。

接下来通过真实的案例进行深入学习。

实例分析 中文在线（300364）MACD 突破零轴 +GMMA 向上发散共振

图 3-21 为中文在线 2023 年 8 月到 12 月的 K 线图。

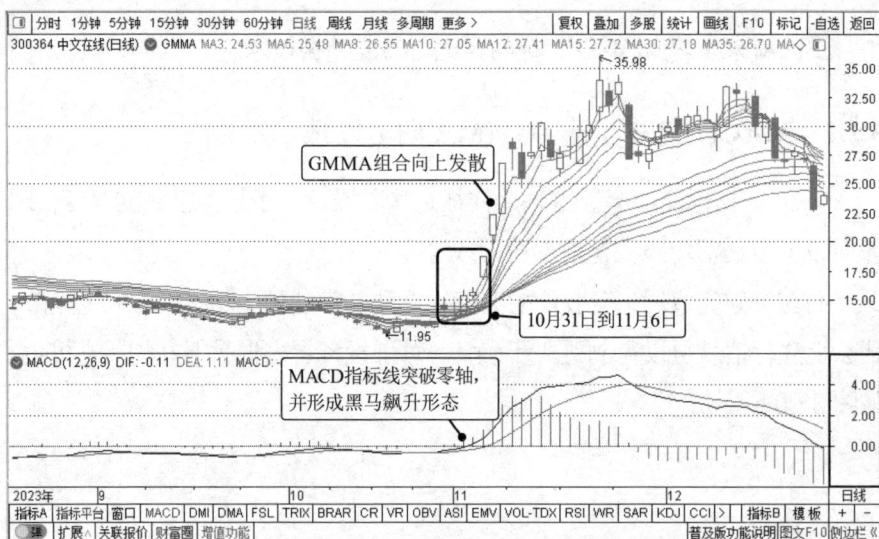

图 3-21　中文在线 2023 年 8 月到 12 月的 K 线图

来看中文在线的这段走势，该股在下跌期间的波动幅度较小，使得顾比指标中的短期组均线几乎黏合在一起，并随着股价的震荡而震荡。期间，长期组均线在二者上方保持着压制。

同一时期内，MACD 指标也一直处于零轴下方震荡运行。但与持续下跌的股价和顾比均线不同的是，MACD 指标线其实维持着缓慢的上行状态。这一点在 9 月底到 10 月底这段时间内尤为明显，股价可以说是与 MACD 指标形成了底背离形态。很显然，这意味着股价可能即将产生转折，投资者要特别注意。

变盘出现在 10 月底，股价开始逐步收阳回升。初始的上涨速度并不快，因此也只是带动短期组均线扭转向上并聚拢在一起，长期组均线并未表现出太多异常。

但在进入 11 月后，K 线上涨的幅度明显加大，甚至连续收出数根跳空阳线，不仅带动短期组均线向上突破了长期组均线，还使其在后续明显向上发散。这几个关键交易日的分时图中也有许多信息可供参考。

图 3-22 为中文在线 2023 年 10 月 31 日到 11 月 6 日的分时图。

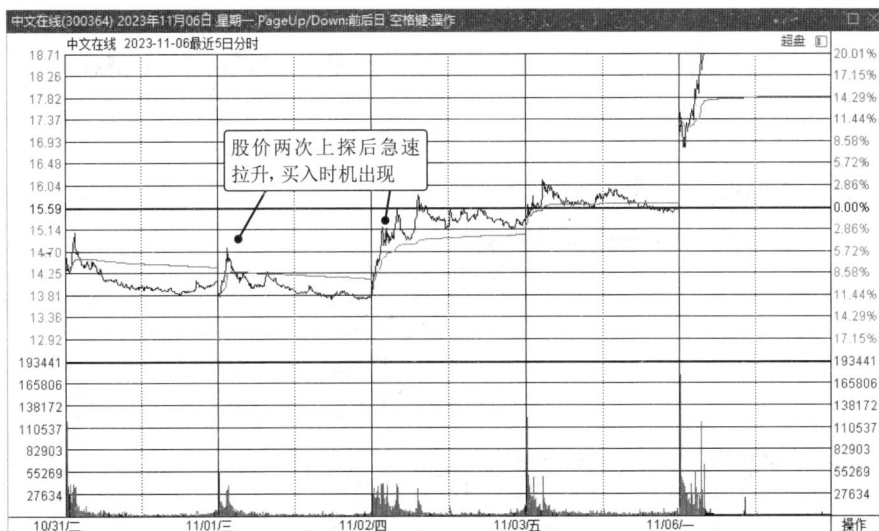

图 3-22 中文在线 2023 年 10 月 31 日到 11 月 6 日的分时图

10 月 31 日和 11 月 1 日是股价在初始上涨后横盘整理阶段的两个交易日，从它们的分时走势中不难看出，股价线在开盘后不久都有过冲高回落的走势，并且成交量有集中放量推动，说明大概率是市场在向上试探，看上方压力如何，是否可以进行下一波拉升。

11月2日，股价开盘后直接就开始冲刺，虽然后续也有冲高回落，但收出的显然是一根阳线，并且高点成功突破了前期压力线。在后续的两个交易日中，股价经过整理后继续上冲，最终实现涨停，可见市场追涨积极性和注资力度都大幅提高，投资者完全可以跟进。

下面回到K线图中观察同一时期MACD指标的表现。其实在K线突破长期组均线的同时，MACD指标线就已经冲到了多头市场之中，并且DIF与DEA的距离逐步拉开，MACD红柱伸长，支撑DIF构筑出一个黑马飙升形态，与顾比均线形成清晰的看涨共振信号。

多方信息结合来看，该股后续的上涨潜力还是比较大的，随着顾比均线的持续发散，投资者可以适当加仓，然后寻找合适的位置卖出，就能够赚取这一波强势上涨的收益。

3.2.2　MACD跌破零轴+GMMA向下发散

顾比均线向下发散往往意味着股价由小幅震荡转为了下跌，并且均线发散的幅度越大，速度越快，股价的下跌就越迅猛，MACD指标跌破零轴的走势也就越干脆，如图3-23所示。

技术图示 MACD跌破零轴时GMMA向下发散

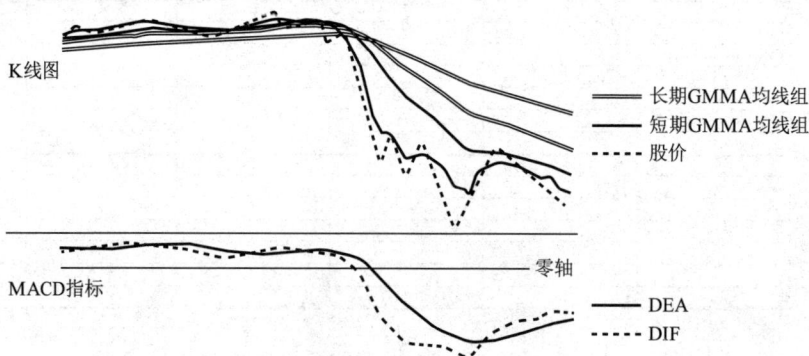

图3-23　形态示意图

显而易见，若投资者不能在这两种形态的共振信号出现之前或是当时及时撤离，后续将面临较大的损失。

接下来通过真实的案例进行深入学习。

实例分析 新莱应材（300260）MACD 跌破零轴 +GMMA 向下发散共振

图 3-24 为新莱应材 2023 年 9 月到 2024 年 2 月的 K 线图。

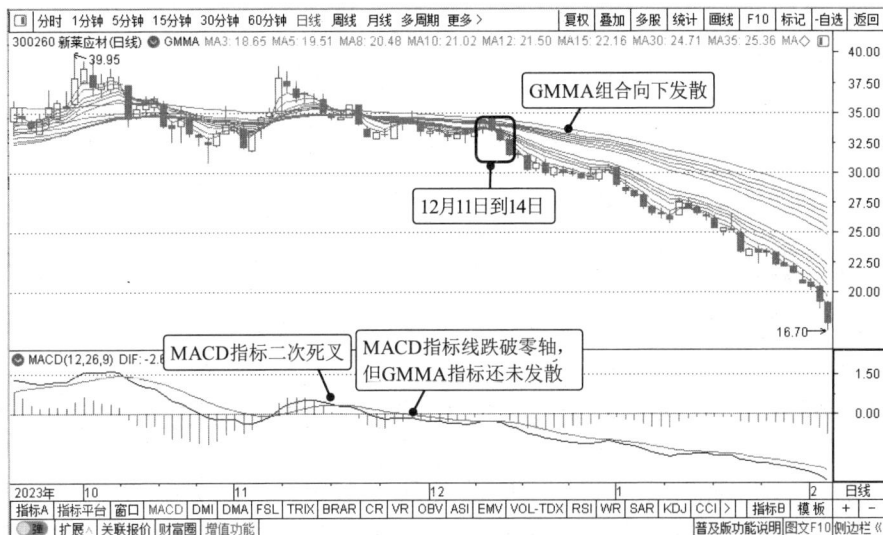

图 3-24　新莱应材 2023 年 9 月到 2024 年 2 月的 K 线图

从图 3-24 中可以看到，该股在前期进行过一波上涨，一直到 2023 年 9 月底都还保持着积极走势。然而在触顶后，价格就开始震荡下跌，第一波就跌破了长期组均线。虽然该股后续有企稳反弹，但也只是小幅回升到长期组均线之上，并未突破前期高点就再度拐头下跌。

观察这段时间内 MACD 指标的表现可以看到，在股价第一次明显下跌时，MACD 指标就已经形成过一个高位死叉。随着后续的反弹与结束下跌，二次死叉也出现了，而且位置十分靠近零轴。此时即便顾比均线还未开始向下发散，投资者也应当及时察觉到危险，进而卖出观望。

继续来看后面的走势。该股在此之后就一直维持在长期组均线下方运行，期间多次试图向上突破，但都没能成功。期间 MACD 指标线跌破零轴，进一步预示出后市看跌的信号。

这样小幅震荡的状态终于在 12 月上旬发生了明显转变，K 线连续收阴下跌，带动顾比均线开始向下发散。而且这几个交易日中也有清晰的下跌信号发出。

图 3-25 为新莱应材 2023 年 12 月 11 日到 14 日的分时图。

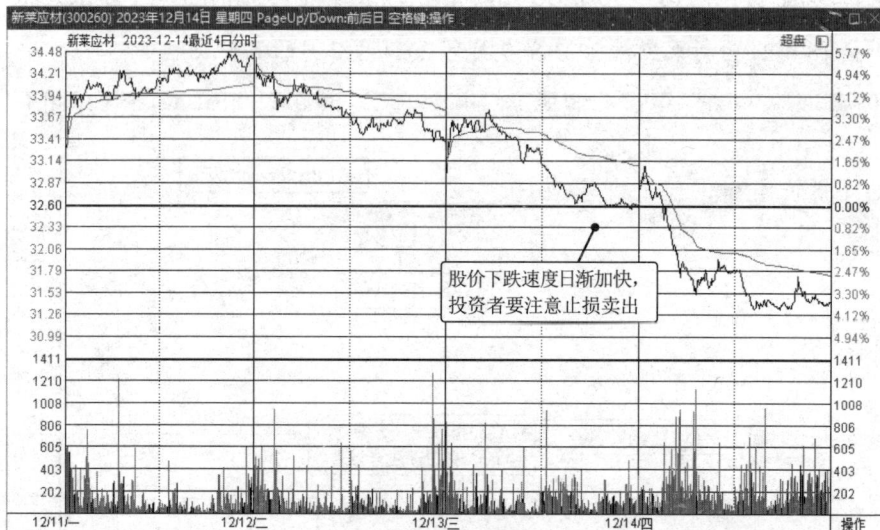

图 3-25 新莱应材 2023 年 12 月 11 日到 14 日的分时图

从图 3-25 中可以看到，新莱应材的股价在经过 12 月 11 日的最后一波上冲后，最终难以为继，开始在 12 月 12 日转势下跌。而且越到后期，股价下跌的速度越快，盘中成交量的活跃度越高，进一步证实了主力及大批散户正在集中抛盘，急需兑利出货。

而且在 K 线图中，顾比均线的向下发散也与前期 MACD 指标的二次死叉和跌破零轴的走势形成共振，多角度释放出强烈看空信号，此时还未离场的投资者要抓紧时间。

第 4 章

均线型指标和超买超卖型指标共振详解

超买超卖型指标主要用于分析市场中买卖双方的力道对比，以及价格是否有超涨或是超跌现象，但存在趋势性较弱的缺点，因此将其与均线型指标结合在一起使用会起到互补的作用。本章主要介绍的就是KDJ指标、RSI指标和均线的指标共振技术。

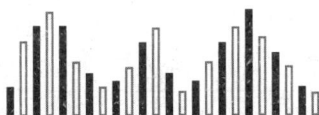

4.1　MA 指标与 KDJ 指标共振

KDJ 指标的中文名称为随机指标，主要是以"平衡位置"为理论核心，通过观察价格在短期内脱离"平衡位置"的程度来考察当前价格脱离正常价格波动范围的程度，以此作为研判价格波动的依据。

因此 KDJ 指标对于判断市场超涨超跌现象、分析未来可能的转折时机有着很好的作用。不过要深入学习其技术，还要先行掌握 KDJ 指标的基本构成。图 4-1 展示的是金龙鱼（300999）的一段走势中的均线与 KDJ 指标的叠加。

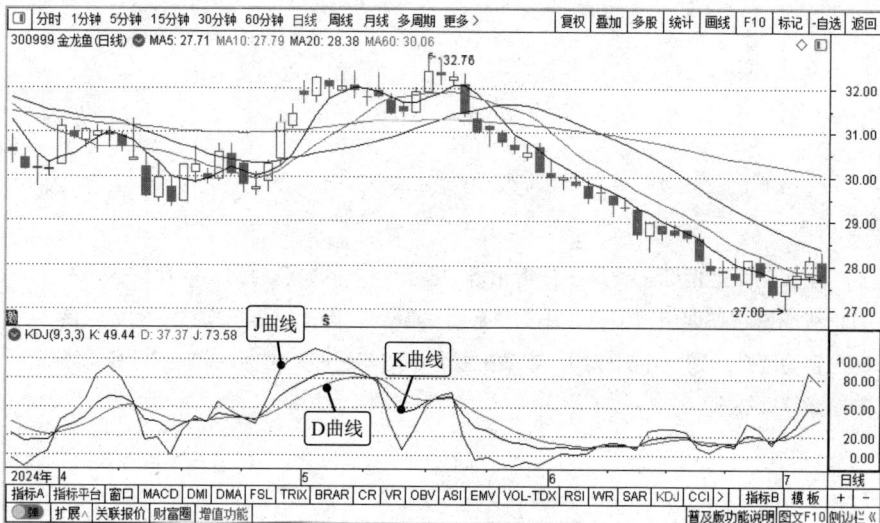

图 4-1　均线与 KDJ 指标的叠加

KDJ 指标中主要包含三条曲线，即 K 曲线、D 曲线和 J 曲线，每条线的特征和应用也有细微的差别，具体内容如下：

①K 曲线的变动幅度稍小，灵敏度居中，很多技术形态都是由稳定性较好的 K 曲线完成的。

②D 曲线的变动幅度最小，灵敏度最低，具有一定的滞后性，在 KDJ 指标中通常用于观察趋势运行方向及指标线位置的变化。

③J 曲线的变动幅度最大，灵敏度最高，因此更加容易频繁震荡，产生失真信号。

　　KDJ 指标线位置变化的研判作用主要体现在各种交叉形态上，其中，J 曲线自上而下跌破 K 曲线和 D 曲线，D 曲线转移到 K 曲线上方，形成的是死亡交叉，大部分时候释放的是看跌信号；J 曲线自下而上突破 K 曲线和 D 曲线，D 曲线转移到 K 曲线下方，形成的则是黄金交叉，大部分时候释放的是看涨信号。

　　除此之外，这三条指标线还有不同的取值范围。K 值和 D 值的取值范围为 0 ～ 100，也就是说，K 曲线和 D 曲线的波动不能超过 0 ～ 100。但 J 值的取值范围却可以超过 0 ～ 100，也就是说，J 曲线可以越过 0 线和 100 线。

　　在 0 ～ 100 的主要取值范围内还有三大分区，其中 0 ～ 20 为超卖区，在此范围内形成的积极形态看涨信号强度更高；20 ～ 80 为常规运行区域，在此范围内形成的特殊形态无论是看跌的还是看涨的，各自的信号强度一般，多数是股价短期震荡导致的；80 ～ 100 内为超买区，在此范围内形成的消极形态看跌信号强度更高。

　　因此投资者要明白，KDJ 指标线运行到超卖区（超买区）内，其实就代表着市场当前超跌（超涨），在未来是有可能形成转折的，所以属于短期看跌（看涨），但长期看涨（看跌）的信号。

　　了解了 KDJ 指标的基础结构和用法之后，下面就来深入学习均线与 KDJ 指标的共振技术。

4.1.1　均线向上扭转 +KDJ 低位金叉

　　上述已经解释过了，KDJ 指标中的 0 ～ 20 为超卖区，在此范围内形成的积极形态看涨信号强度更高，黄金交叉也不例外。当 J 曲线在 20 线下方自下而上突破 K 曲线和 D 曲线，形成的就是反转信号较强的低位金叉。

　　当然，如果均线能够在 KDJ 指标的低位金叉出现后不久就被转势上涨的股价扭转，甚至形成金蜘蛛或银山谷形态，那么投资者就可以迅速在合适的位置跟进，如图 4-2 所示。

技术图示 均线向上扭转时 KDJ 形成低位金叉

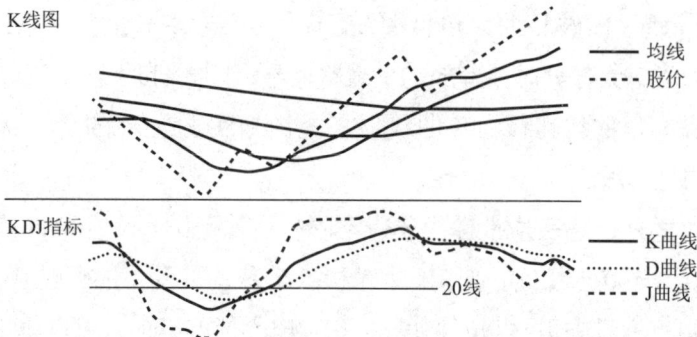

图 4-2　形态示意图

接下来通过真实的案例进行深入学习。

实例分析 宣亚国际（300612）均线向上扭转 +KDJ 低位金叉共振

图 4-3 为宣亚国际 2022 年 11 月到 2023 年 4 月的 K 线图。

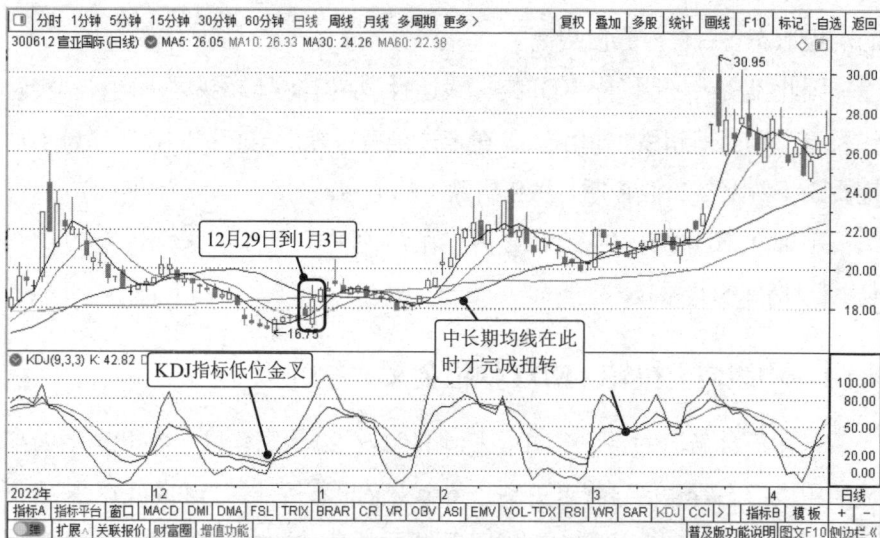

图 4-3　宣亚国际 2022 年 11 月到 2023 年 4 月的 K 线图

单独观察宣亚国际这段时间内的 K 线走势，投资者会发现其震荡比较频繁，幅度也不小，因此很难准确判断具体的转折点，风险承受能力较弱的投资者最好在这种走势中轻仓买卖。

先来看前期上涨到一定位置后回调的过程。该股在 2022 年 11 月中旬的一波快速拉升后冲破 24.00 元价位线，最高点已经来到 26.00 元价位线附近。然而冲高的当日也迅速回落，K 线收出长阴线，股价开始向着 30 日均线回调，并在后续彻底跌破。

观察此时的 KDJ 指标可以发现，在反转当时，KDJ 指标就在接近 80 线的位置形成了一个死叉，尽管不算是高位死叉，但也预示着一波下跌的到来。在 12 月初股价跌破 30 日均线时，一个二次死叉出现，更加证实了当前趋势的走弱，投资者应尽快出局观望。

这样的状况一直持续到 12 月底，股价在 16.75 元处触底后开始反转上升，同时带动已经跌到 20 线以下的 KDJ 指标构筑出一个低位金叉。这时，激进型投资者已经可以看出未来可能的上涨迹象了，但由于股价尚未成功突破 30 日均线和 60 日均线，投资者还需要等待。

在 2023 年 12 月底到 2024 年 1 月初的几个交易日，K 线成功连续收阳突破了关键压力线，下面来看分时走势中是否包含一些有用的信息。

图 4-4 为宣亚国际 2023 年 12 月 29 日到 1 月 3 日的分时图。

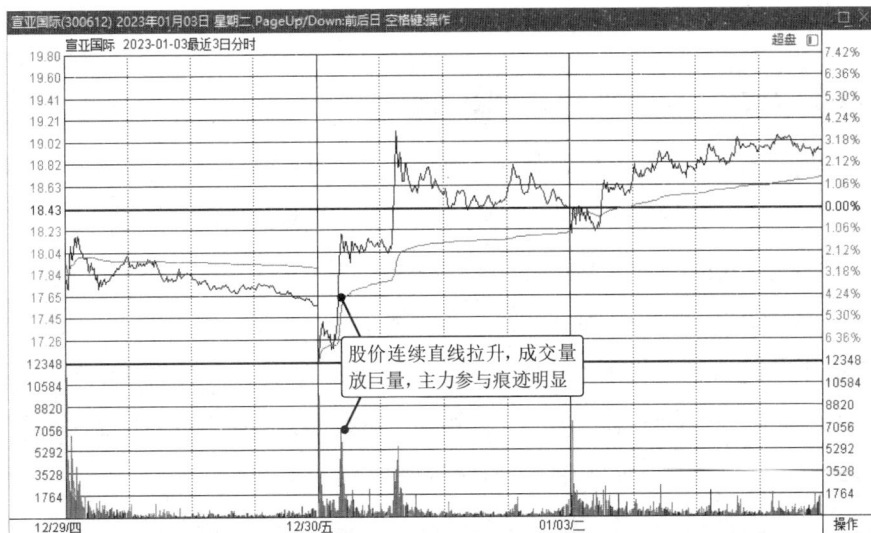

股价连续直线拉升，成交量放巨量，主力参与痕迹明显

图 4-4　宣亚国际 2023 年 12 月 29 日到 1 月 3 日的分时图

12 月 29 日，股价仍处于中长期均线之下震荡，当日下跌收阴，成交量也表现平平。但在 12 月 30 日，股价线一转颓势，开始在成交量的集中放量

推动下呈阶梯式向上攀升，并且上涨过程十分迅猛，规律性很强，可见其中大概率有主力在参与助涨。

到了 1 月 3 日，股价依旧维持着上涨走势，尽管涨速不如前日，但趋势比较稳定。并且在 K 线图中，股价借此成功越过了两条压力线，可见含金量还是有的，激进型投资者此时就可以介入。

这时的 KDJ 指标已经构筑过低位金叉，但 30 日均线尚未被彻底扭转向上，只是在被突破后稍微走平而已，因此指标共振还没成型，谨慎型投资者还不能着急买进。

回到 K 线图中继续观察。虽然该股在后续突破了中长期均线的压制，但在 20.00 元价位线上受阻后形成回调，低点在 30 日均线附近震荡，导致 KDJ 指标形成死叉下跌。不过价格也没有跌破前期低点，因此投资者还是可以判断出后市仍有上涨潜力。

1 月底，股价结束回调开始快速上涨，数日后就凭借一根跳空向上的阳线再次突破中长期均线，并在后续带动 30 日均线彻底扭转向上，与 KDJ 指标前期的低位金叉形成共振，传递出清晰的看涨信号。这时，一直处于观望的谨慎型投资者就可以建仓了。

4.1.2　均线空头排列 +KDJ 低位钝化

均线的空头排列其实在前面几章的案例中介绍过，是指在股价稳定下跌的过程中，均线组合呈现短期均线在下，中期均线居中，长期均线位于上方形成压制的稳定排列形态，期间均线之间不能产生交叉。

而 KDJ 指标的低位钝化也是一种特殊走势，它是由于股价在一段时间内的下跌走势过于稳定，导致三条指标线下跌到 20 线下方或附近后，三线几乎黏合在一起不断震荡，并且频繁、密集地发出买入或卖出信号，这里的震荡区域就是钝化区域，如图 4-5 所示。

需要注意的是，均线的空头排列释放的是明确的短期看跌信号，并且对未来的转折没有十分明显的预示作用。只要空头排列持续下去，股价就会一直下跌，投资者也一直不能介入。

而 KDJ 指标的低位钝化也是相似的，低位钝化只要一直延续下去，股价的跌势也就不会停止。不过，待到市场过度低估股价后，多方开始抄底推动，股价止跌并转势向上时，就能够打破均线的空头排列和 KDJ 指标的钝化形态，投资者也可以借此买进。

技术图示 **均线空头排列时 KDJ 形成低位钝化**

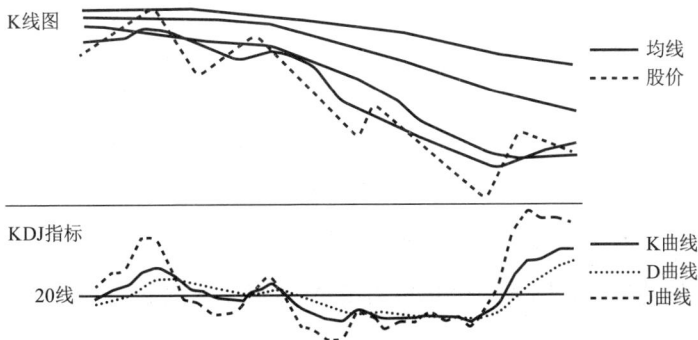

图 4-5　形态示意图

接下来通过真实的案例进行深入学习。

实例分析 **华兰生物（002007）均线空头排列 +KDJ 低位钝化共振**

图 4-6 为华兰生物 2024 年 3 月到 9 月的 K 线图。

图 4-6　华兰生物 2024 年 3 月到 9 月的 K 线图

在华兰生物的这段走势中，K 线在 2024 年 3 月到 5 月中旬还处于高位震荡状态，30 日均线一直到 4 月初才被扭转向下，可见该股前期是有过一波上涨的。

那么，这段时间内的震荡就可能意味着反转形成，再加上股价在 4 月底到 5 月初的上冲未能突破前期高点，后市下跌的概率会进一步加大，此时谨慎型投资者需要迅速出货。

5 月 21 日，股价在多次向上试探 20.00 元价位线后突破失败，最终收出一根实体极长的阴线，自上而下穿越了整个均线组合，形成的是一种被称为断头铡刀的强势看跌形态。除此之外，近几日的分时图中也有关键信息出现。

图 4-7 为华兰生物 2024 年 5 月 17 日到 21 日的分时图。

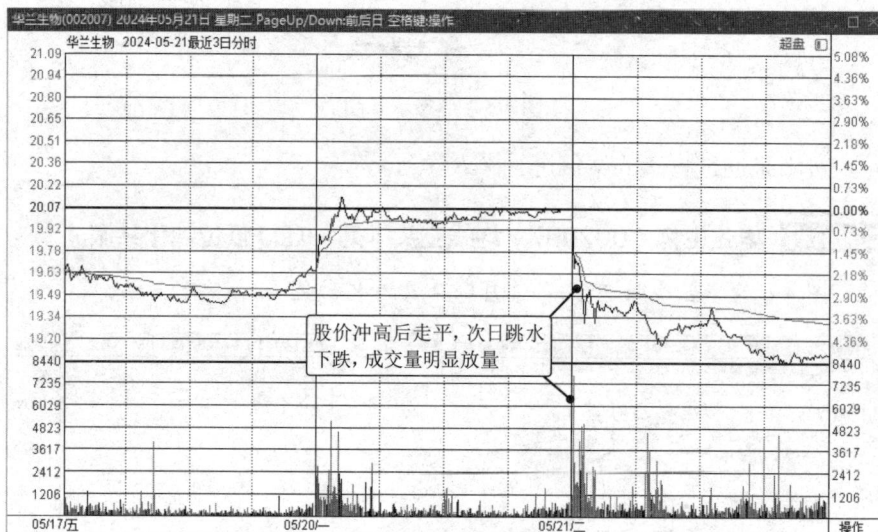

图 4-7　华兰生物 2024 年 5 月 17 日到 21 日的分时图

5 月 17 日到 20 日，股价还处于向上试探关键压力线的过程中。从这两日尤其是 5 月 20 日的股价线表现可以看出，该股在成交量的缓步推动下上涨至 20.00 元价位线附近时明显受阻，并长期在下方横盘，最终也没能实现突破，收出小实体阳线，说明上方压力较重。

到了 5 月 21 日时，成交量在开盘后几分钟内形成了高度远超前日的大量柱，直接将价格直线下压，呈跳水式暴跌到低位，最终收出超长阴线跌破整个均线组合。

　　结合 K 线图中的断头铡刀形态来看，这显然是主力再度拉升失败，再次大批出货压价的表现。当然，也可能是借高出货的手段，但无论如何，该股后市的下跌几乎已成定局。

　　在未来的近两个月时间内，K 线持续稳定下跌，使得均线组合向下发散开来，并形成短期均线在下，中长期均线在上的空头排列形态。

　　观察 KDJ 指标可以发现，在股价形成断头铡刀的同时，KDJ 指标构筑出高位死叉后持续下滑，最终落到了 20 线附近横向震荡，期间三线黏合在一起，频繁释放失真信号，低位钝化显现。

　　很显然，均线与 KDJ 指标的看跌共振此时已经成型，那么场内投资者就要趁着股价尚未下跌太多，及时在反弹高位出货，否则就只能等待 KDJ 指标的低位钝化被破坏之后伺机止损了。

　　直到 7 月上旬，这一波下跌才进入尾声。股价在 15.00 元价位线上得到支撑后开始上涨，初始涨速还比较快，很快带动 KDJ 指标形成低位金叉，破坏低位钝化走势的同时释放出反弹看涨信号。

　　与此同时，5 日均线扭转向上突破 10 日均线，空头排列形态也被破坏，配合 KDJ 指标形成积极信号。

　　但需要注意的是，当前行情仍处于下跌之中，投资者不可直接将此当作趋势反转信号，而是要以反弹看待，进而轻仓介入。在后续股价突破 60 日均线失败，开始拐头下跌时及时，投资者也要卖出，才能降低风险。

4.1.3　均线多头排列 +KDJ 高位钝化

　　均线的多头排列与空头排列相对应，指的是股价在持续上涨的过程中带动均线组合形成短期均线在上，中长期均线在下的稳定排列形态。

　　KDJ 指标的高位钝化则是三线在股价稳定上涨的影响下上升到 80 线附近，随后走平纠缠在一起形成的黏合状态，如图 4-8 所示。

　　在这两种形态的背离共振下，投资者接收到的应当是短期看涨，但长期看跌的信号。因为多头排列和高位钝化期间，股价涨势是相对稳定的，投资者完全可以趁机建仓甚至多次加仓。

　　但一旦转折出现或是高位滞涨形成，两个形态都有可能被破坏，这时候就是投资者的兑利时机了。

技术图示 均线多头排列时 KDJ 形成高位钝化

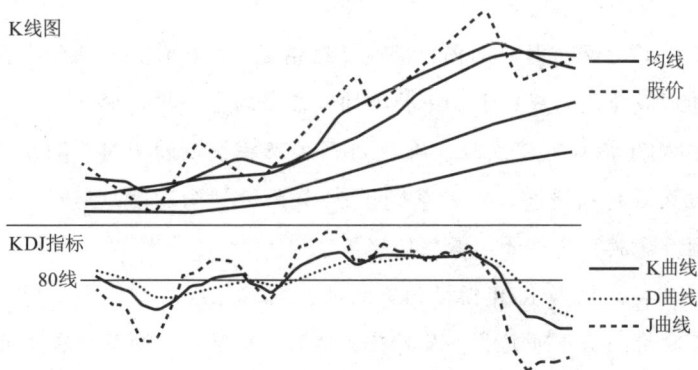

图 4-8　形态示意图

接下来通过真实的案例进行深入学习。

实例分析 海大集团（002311）均线多头排列 +KDJ 高位钝化共振

图 4-9 为海大集团 2024 年 2 月到 6 月的 K 线图。

图 4-9　海大集团 2024 年 2 月到 6 月的 K 线图

观察海大集团的中长期均线走势可以看到，当前行情正处于上涨之中，市场整体积极向好，投资者可以在中长期均线扭转向上后就开始寻找时机建仓跟进，抓住后续涨幅。

2024年3月初，股价在经历两波上涨后来到接近46.00元价位线的位置，但在此受阻后回调了一个多月的时间。回调期间，KDJ指标跟随下跌到50线附近横向震荡，暂时不具有太高的参考价值，投资者还需要等待。

到了4月中旬，该股终于开始收阳拉升，并于4月18日成功向上突破46.00元的关键压力线。下面来看当日的分时走势。

图4-10为海大集团2024年4月17日到18日的分时图。

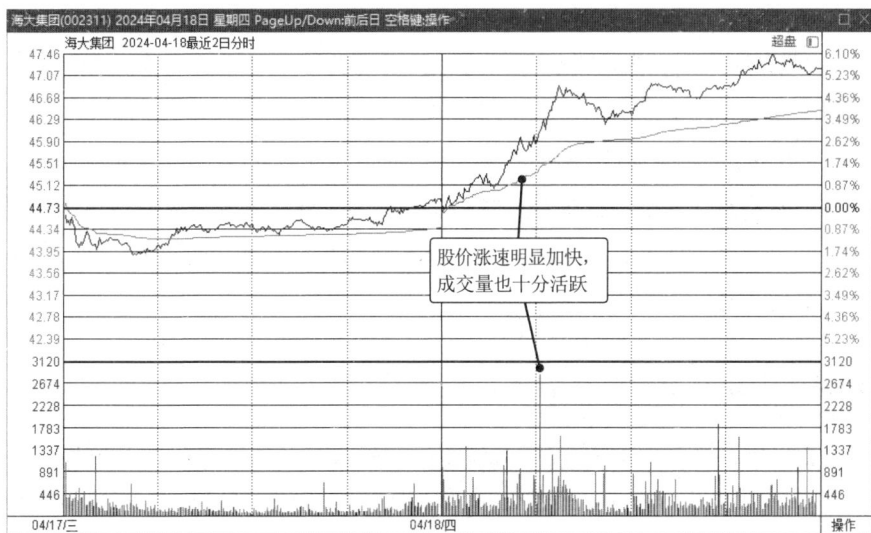

图4-10　海大集团2024年4月17日到18日的分时图

图4-10展示的是突破当日和前一日的分时股价线对比，这样投资者就可以清晰观察到区别。

4月17日，股价已经从44.00元价位线附近抬升到了稍高的位置，不过距离前期压力线仍旧较远，并且当日走势也偏向于横向震荡，投资者尚且观察不出明确的上涨迹象。

但次日，也就是4月18日，股价在开盘后就被一波波放大的量能推动，呈锯齿状向上拉升，并且涨速越来越快，直至突破46.00元价位线才冲高回落，踩在其上方继续上涨，最终收出突破大阳线。

这时，机敏的投资者就要抓住机会迅速在当日建仓入场，没能赶上的投资者也可以根据后续股价的走势及各指标的共振信号建仓。

继续来观察 K 线图中的走势。在 K 线突破的同时，KDJ 指标也跟随快速向上攀升，J 曲线和 K 曲线都突破到了超买区内，只有最稳定的 D 曲线没有突破成功。不过随着后续股价的稳定上涨，KDJ 指标线还是稳定在了 80 线附近，并开始高位钝化。

与此同时，均线组合也被带动向上发散，形成短期均线在上、中长期均线在下的多头排列形态，与 KDJ 指标的高位钝化产生指标共振，向依旧在观望的投资者传递出买进信号。

当然，这种积极的上涨无法维持太长时间，因此在一个月之后，股价在 54.00 元价位线上受阻后高位滞涨时，投资者就要及时反应过来，行情可能即将发生转变。

5 月底，K 线突然收出一根实体较长的阴线并跌到 30 日均线上。而在此之前，KDJ 指标就已经出现波段下移状态，高位钝化早在股价上涨结束后就被破坏了。因此这里的 KDJ 指标是下跌行情彻底得到确认的预示，此时还未兑利离场的投资者需要抓紧时间。

4.1.4　均线向下扭转 +KDJ 高位死叉

在超买区内形成的死亡交叉就是高位死叉，它比常规运行区间内的死叉更具有威胁性。在 KDJ 指标的高位死叉出现后的均线扭转，更是下跌到来的进一步确认信号，如图 4-11 所示。

技术图示 均线向下扭转时 KDJ 形成高位死叉

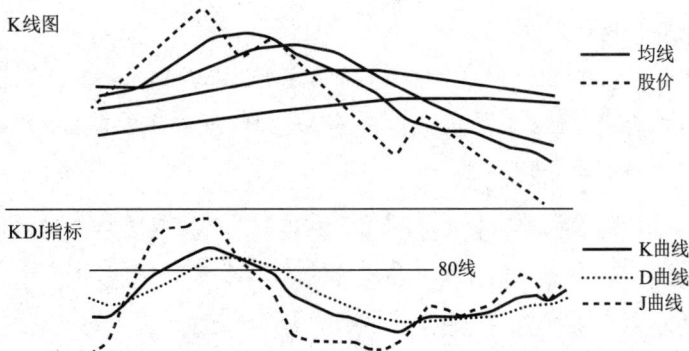

图 4-11　形态示意图

注意，这种指标共振中存在数个卖点，但比较清晰的就两个。第一个在 KDJ 指标高位死叉的位置，属于反转初始位，适合谨慎型短线投资者使用；第二个是 30 日均线被扭转向下的位置，这时股价下跌幅度已大，但下跌行情也更加清晰，适合风险承受能力较强，不希望频繁操作的中长线投资者。

接下来通过真实的案例进行深入学习。

实例分析 东材科技（601208）均线向下扭转 +KDJ 高位金叉共振

图 4-12 为东材科技 2023 年 5 月到 10 月的 K 线图。

图 4-12 东材科技 2023 年 5 月到 10 月的 K 线图

在 2023 年 6 月上旬，东材科技的股价结束了上一波强势下跌后来到 11.00 元价位线下方，于 10.75 元处触底后反转上行，第一波拉升就极为迅猛，可见其中不缺少主力的推动。

一般来说，这种震荡幅度较大的上涨会在突破关键价位线后形成一波回调整理，释放盘中抛压后才会继续拉升。该股也不例外，在突破 60 日均线后，股价就一路下跌到 30 日均线上整理，直到 6 月底才开启下一波上涨。这时，投资者就可以趁机低位建仓或加仓。

在未来半个多月的时间内，该股上涨趋势积极，涨势也比较稳定，不仅带动均线组合形成了多头排列形态，也使得 KDJ 指标逐步运行到高位，三条指标线在 7 月上旬相继进入超买区内，短期看涨信号强烈。

但指标线进入超买区也意味着市场超涨，根据前期股价回调释放抛压的表现来看，这一波上涨结束后，该股也可能迎来一波快速下跌。因此投资者在持股时一定要保持谨慎，注意随时可能到来的下跌。

果然，股价在小幅突破 14.50 元价位线后明显冲高回落，收出一根带有长上影线的阴线后转折下跌，使得 KDJ 指标构筑出了一个清晰的高位死叉。对于短线投资者而言，这就是一个明确的买点。

高位死叉出现后，股价持续下跌并逐步靠近 30 日均线，虽然在触碰到的第一时间没有彻底跌破，但之后也没能维持住上涨趋势，于 8 月初将其跌破，并带动其逐步走平，有了向下扭转的迹象。

一直观望到此时的中长线投资者就要思考是否应该卖出止损了，尤其是当 30 日均线彻底扭转向下，KDJ 指标出现低位钝化走势，且后续股价反弹也没能突破该压力线时，这部分投资者就更不应该继续持有。

4.2　MA 指标与 RSI 指标共振

RSI 指标主要用于判断市场中多空力量的强弱程度，进而推测出股价可能运行的方向。它的具体原理是根据市场供求平衡的原理，通过测量某一个期间内股价上涨总幅度占股价变化总幅度平均值的百分比来评估多空力量的强弱程度，进而提示具体操作。

与 KDJ 指标类似的是，RSI 指标也由三条指标线构成。图 4-13 展示的是超越科技（301049）的一段走势中的均线和 RSI 指标的叠加。

这三条指标线的计算公式都是一样的，只有计算周期不同，分别为 6 日 RSI 指标线、12 日 RSI 指标线和 24 日 RSI 指标线。因此 RSI 指标的三条线不会如 KDJ 指标那样总是交叉于同一点。

那么如何判断金叉和死叉的形成呢？主要看的是时间周期最短的指标线对时间周期更长的指标线的穿越，即 RSI 1 线突破或跌破 RSI 2 线和 RSI 3 线时，金叉或死叉就成形了。

图 4-13　MA 指标与 MACD 指标的叠加

在取值范围和超买超卖区方面，RSI 指标与 KDJ 指标有些许不同。RSI 指标线的波动范围都在 0 ～ 100，不存在超越摆动区域的情况。其中 30 ～ 70 为常规运行区域，以 50 线为多空分界线；30 线以下为超卖区，70 线以上为超买区，意义与 KDJ 指标类似。

比起 KDJ 指标中的 50 线，RSI 指标的 50 线对于多空市场的划分具有更强的指示意义，具体内容如下：

①当 RSI 指标线大部分运行于其上方时，市场有很大概率是走强的。

②当 RSI 指标线大部分运行于其下方时，卖盘抛压更加强势，股价大概率会走低。

因此投资者在实战中可以更多地依靠 RSI 指标的 50 线来进行判断。下面来看均线与 RSI 指标的共振技术分析。

4.2.1　均线向下修复 +RSI 顶背离

这里先来解释均线的修复概念，它与扭转一样，都是均线的特性之一，指的是当股价出现急涨或急跌时与均线产生了较大的偏离，此时均线会对股价产生一种吸引力，使其向均线的方向靠拢，直至聚合或接触。

均线的修复也分为主动修复和被动修复。

①均线的主动修复指的是当股价运行偏离均线太远时，会出现较为剧烈的变动，主动且快速地向均线回归，比如上涨行情中的回调和下跌行情中的反弹。

②均线的被动修复指的是当股价偏离均线以后，并没有主动向均线靠近，而是在某一价位线附近出现横向盘整，被动地等待均线靠近。

主动修复和被动修复可能会在同一时期内先后出现，比如股价在上涨偏离均线后走平滞涨，在某一时刻回调下跌靠近均线，就是一次被动修复向主动修复的转变。

股价下跌向均线的修复可能是上涨行情中的短暂整理，也可能是下跌行情的初始。但如果结合 RSI 指标的顶背离，即股价高点上移的同时 RSI 指标线高点下移的形态来看，行情转折的可能性就比较大了，投资者最好先行卖出止盈，如图 4-14 所示。

技术图示 均线向下修复时 RSI 形成顶背离

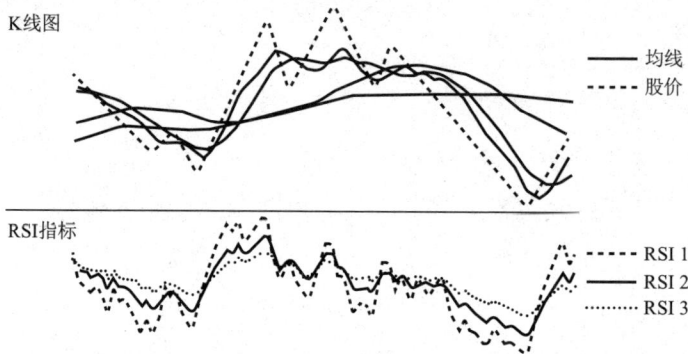

图 4-14 形态示意图

接下来通过真实的案例进行深入学习。

实例分析 诺德股份（600110）均线向下修复 +RSI 顶背离共振

图 4-15 为诺德股份 2022 年 4 月到 9 月的 K 线图。

从诺德股份这段走势中的中长期均线表现来看，该股前期的下跌幅度还是比较大的，K 线与中长期均线之间的距离较远。在此期间，大量投资者已经卖出观望。

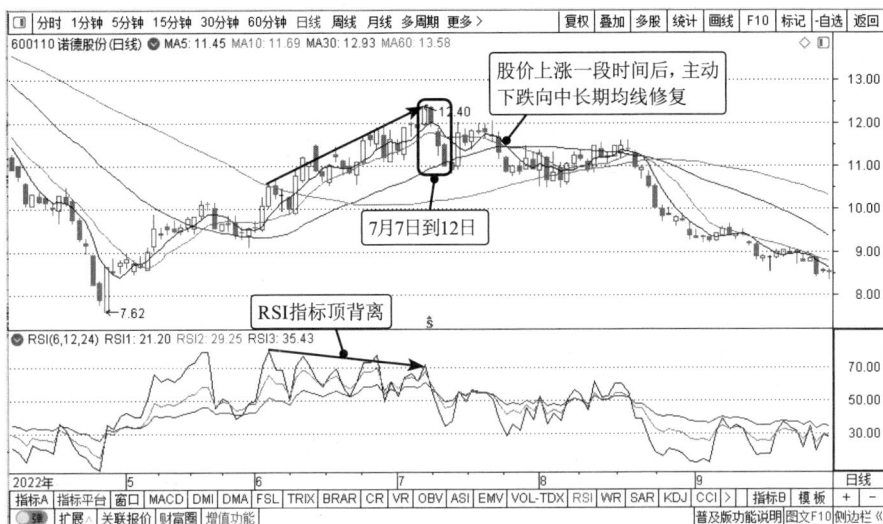

图 4-15　诺德股份 2022 年 4 月到 9 月的 K 线图

　　到了 2022 年 4 月底，股价在 7.62 元的位置触底后收出一根长阳线，覆盖住前一根阴线的全部。这是一种被称为阳包阴的底部反转形态，意味着行情可能即将发生转折。

　　这一点在后续的走势中也可以得到证实，股价不断震荡向上，在突破 30 日均线的同时也带动 RSI 指标中的两条线突破到 50 线以上，传递出积极信号，投资者可伺机跟进。

　　5 月下旬，股价踩在 30 日均线上回调整理，结束后继续拉升，很快便彻底突破了 60 日均线。这时的 RSI 指标线全都已经来到 50 线上方，30 日均线也被扭转向上，短时间内该股的上涨潜力应当比较充足，投资者可保持持股，有能力的还可以加仓。

　　在后续一个多月的时间内，股价震荡上升，高点一直是上移的。但观察 RSI 指标就可以发现，RSI 指标中周期最短的指标线的高点有逐步下移的趋势，很早就与股价形成了顶背离。

　　RSI 指标的顶背离代表的含义与 KDJ 指标类似，都是股价上涨动力不足，市场卖方开始发力的信号。不过由于上涨还在继续，投资者还可以继续持股等待，但一定要谨慎。

　　7月初，该股突然收出数根长阴线，直接跌到了30日均线上。这既是一次股价向着中长期均线的主动修复，也是反转可能已经到来的标志。下面进入这几日的分时走势中进一步分析。

　　图4-16为诺德股份2022年7月7日到12日的分时图。

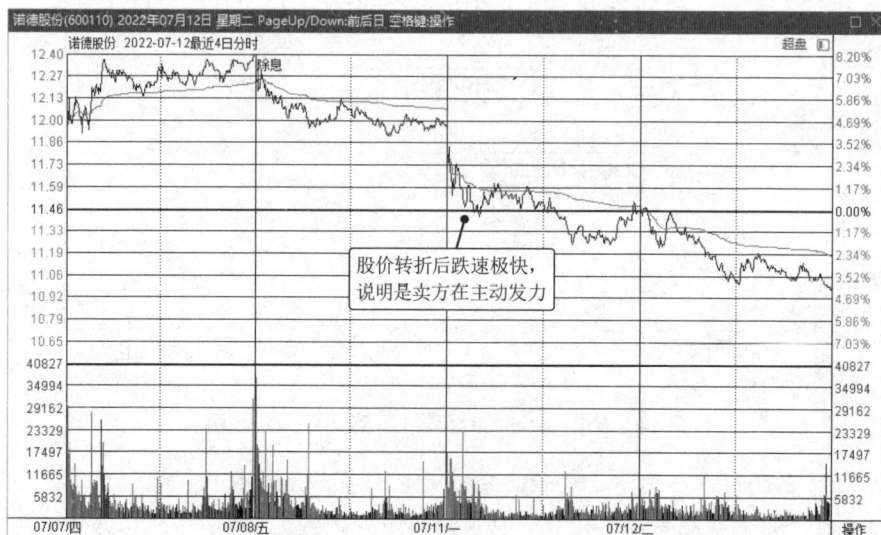

图4-16　诺德股份2022年7月7日到12日的分时图

　　从图4-16中可以看到，诺德股份的股价在7月7日还能够震荡上涨，低点踩在均价线上攀升。但7月8日一开盘，成交量就放出巨量压价，股价线跌速较快，可见前期的上涨有可能是主力在诱多。

　　这一推测在后面两个交易日的持续下跌中得到了充分确认，而且回到K线图中继续观察，该股在落到30日均线上后反弹，但高点不过前期，明显是下跌前兆。

　　股价多次主动向下修复靠近中长期均线的走势及前期的RSI指标顶背离，已经是十分强烈的看跌共振了，若投资者还不及时卖出，可能会遭受比较严重的损失。

4.2.2　均线向上修复+RSI底背离

　　均线的向上修复和RSI指标底背离是与上一节截然相反的一种指标共振，大概率是股价结束一轮下跌，开启一波强势反弹或是上涨行情的标志。

那么在股价下跌期间 RSI 指标形成底背离，股价又在筑底后开始拐头向上形成修复时，投资者就可以迅速跟进，如图 4-17 所示。

技术图示 均线向上修复时 RSI 形成底背离

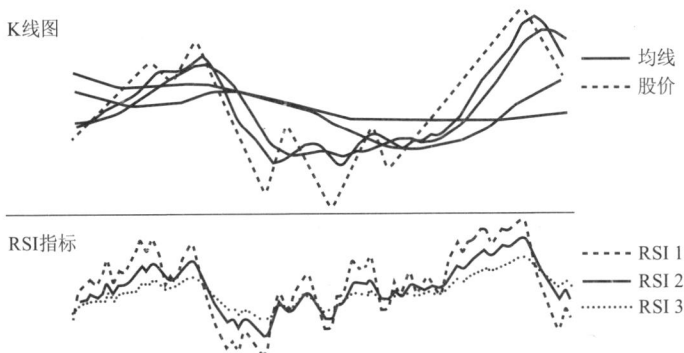

图 4-17 形态示意图

接下来通过真实的案例进行深入学习。

实例分析 浙江鼎力（603338）均线向上修复 +RSI 底背离共振

图 4-18 为浙江鼎力 2023 年 3 月到 9 月的 K 线图。

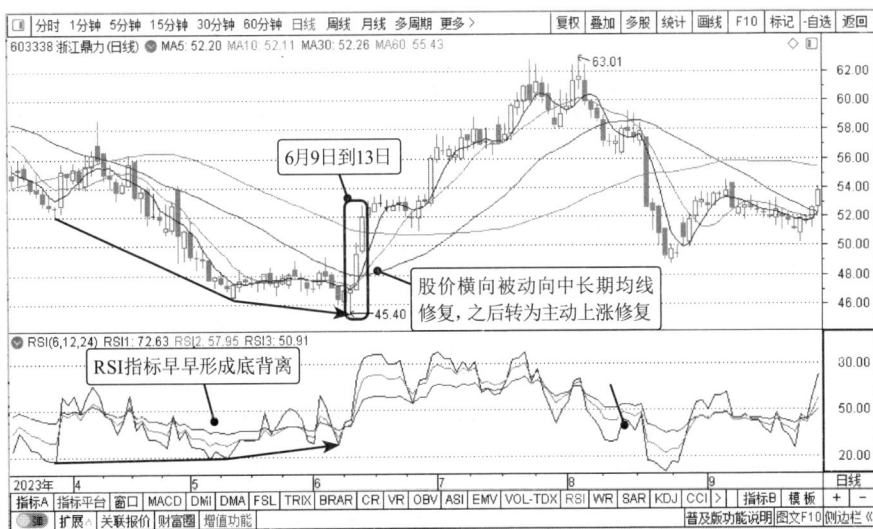

图 4-18 浙江鼎力 2023 年 3 月到 9 月的 K 线图

先来寻找浙江鼎力这段走势中的 RSI 指标底背离走势。从图 4-18 中可以看到，股价在 2023 年 3 月到 4 月一直保持着下跌，期间 K 线的收阳反弹并未成功越过 60 日均线，后续又回归下跌了。

5 月初，股价跌到 48.00 元价位线附近后止跌横盘，低点相较于前期明显下移。但观察这时的 RSI 指标不难看出，周期最短的指标线低点有小幅上移，尽管并不算突出，但已经与低点大幅下跌的股价形成了底背离。

结合当前股价在低位横盘，被动修复靠近中长期均线的走势来看，该股很有可能正在酝酿一波反弹或是上涨，投资者可对该股保持关注，但不能立即买进，避免判断失误被套半山腰。

在低位震荡一个月后，股价向下探底，于 15.40 元处触底后开始收阳拉升。而在试探的过程中，股价的低点又有一次下移，这时 RSI 指标的低点有了更明显的上移，底背离依旧存在。

而且在股价试探完成进入上涨时，其实也是在进行一次被动修复向主动修复的转变，这几个交易日中的股价线表现也传达出积极信号。

图 4-19 为浙江鼎力 2023 年 6 月 9 日到 13 日的分时图。

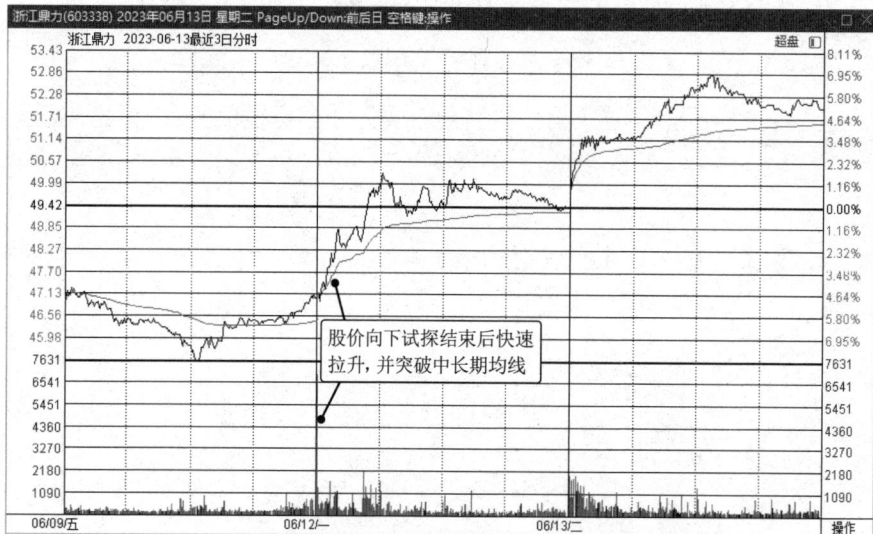

图 4-19 浙江鼎力 2023 年 6 月 9 日到 13 日的分时图

在 6 月 9 日，股价前期稳定下跌，触底后立即拐头向上，并收出阳线。如此干脆的转折很有可能是主力造成的，结合后面两个交易日开盘后成交量的大量柱和股价线的积极拉升来看，主力可能正在推出一波新的上涨。

　　而且在 K 线图中，数日后 K 线就越过了中长期均线的压制，主动修复完成，RSI 指标也运行到 50 线上方，多角度、多指标释放出看多信号，一直处于观望的投资者此时就可以及时建仓买进。

4.2.3　均线银山谷 +RSI 低位金叉

　　前面提到过，在 RSI 指标中，30 线是超卖区与常规运行区域的分界线，因此在 30 线下方形成的金叉才能被称为低位金叉。

　　均线的银山谷则不需要过多介绍了，相信投资者已经比较熟悉。这两者形态同期出现，就会形成如图 4-20 所示的状态。

技术图示 均线构筑银山谷时 RSI 形成低位金叉

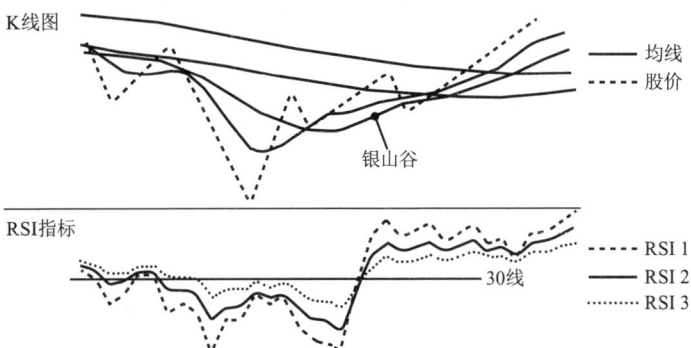

图 4-20　形态示意图

　　其实在实战中，RSI 指标的低位金叉并不常见，一般股价在短时间内下跌幅度过大或是速度过快，才会使得三条 RSI 指标线都跌落到超卖区内。而且在快速下跌后，股价还要利落不拖拉地立即转折上涨，才能让 RSI 指标线在 30 线下方形成低位金叉后再突破，而不是未经交叉就回到常规运行区域内。这种情况下，主力压价吸筹后拉升的可能性就比较大了。

　　因此投资者完全可以在 RSI 指标低位金叉出现后立即买进，抓住一波强势上涨再说。

　　接下来通过真实的案例进行深入学习。

实例分析 美的集团（000333）均线银山谷 +RSI 低位金叉共振

　　图 4-21 为美的集团 2022 年 9 月到 2023 年 3 月的 K 线图。

图 4-21 美的集团 2022 年 9 月到 2023 年 3 月的 K 线图

从美的集团在 2022 年 9 月到 10 月的表现来看，该股短时间内的跌速相当快，并且跌势稳定，使得均线组合呈现出了清晰的空头排列走势，RSI 指标也被带动逐步下跌到 30 线下方。

显而易见，在此阶段内市场消极情绪占据主流，股价短期看跌。但由于 RSI 指标大幅深入超卖区内，K 线也向下明显偏离中长期均线，说明该股被过度低估，未来有向上修复的可能，因此长期看涨。

11 月初，该股在试探出 40.00 元的底部后收阳回升，数日后就成功扭转 5 日均线向上突破 10 日均线，结束空头排列形态的同时，也带动 RSI 指标在 30 线下方构筑出一个低位金叉。

结合前期分析来看，RSI 指标的低位金叉已经是比较清晰的超跌反转信号，但对于谨慎型投资者还不具有强势说服力，因此这部分投资者还需继续等待更好的时机。

11 月 11 日，K 线跳空向上开盘后收出的阳线已经小幅突破 30 日均线，但依旧无法明确是否为有效突破，是次日的再次向上跳空小阴线才确定了上涨信号。

在这几日的分时走势中也能看出有主力异动的情况。

图 4-22 为美的集团 2022 年 11 月 10 日到 14 日的分时图。

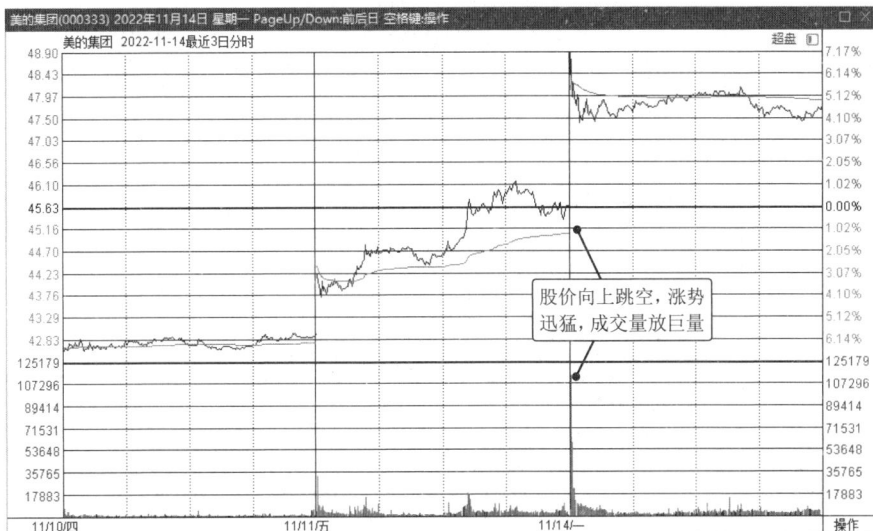

图 4-22　美的集团 2022 年 11 月 10 日到 14 日的分时图

如图 4-22 所示，美的集团的股价在 11 月 10 日还处于横向盘整阶段，盘中成交量表现平平，投资者完全观察不到异常情况。

但 11 月 11 日的大幅向上跳空和开盘后释放出的巨大量能给了投资者答案，主力可能正在迅速注资推涨，市场中的大量买方也被吸引入场，将价格呈阶梯状抬升。

尽管 11 月 14 日的股价在开盘后有小幅的回落，但收出的 K 线依旧与前日的形成较大空隙。再加上开盘后第一分钟的巨量量柱，投资者可判断出主力大概率在集合竞价期间就大力拉升，将价格一举推到了接近 60 日均线的位置。

回到 K 线图中观察。在此之后股价受阻回调，低点还未接触到 30 日均线就止跌了。这时 5 日均线和 10 日均线早已突破 30 日均线构筑出银山谷，但直到股价回调结束重归上涨，30 日均线才被彻底扭转向上。

这时均线组合与 RSI 指标的共振信号彻底成型，而且 RSI 指标线也已经运行到了 50 线以上的较高位置，积极信号清晰，前期一直观望的投资者可以迅速入场。

4.2.4　均线死亡谷 +RSI 高位死叉

RSI 指标的高位死叉相信不需要多说，这里要重点介绍的是均线的死亡谷形态。其实从名字就可以看出，它与金银山谷对应，具体是指两条短期均线在 K 线的下跌影响下扭转向下，跌破中长期均线后形成的一个尖角朝下的不规则三角形，如图 4-23 所示。

技术图示 均线形成死亡谷时 RSI 构筑高位死叉

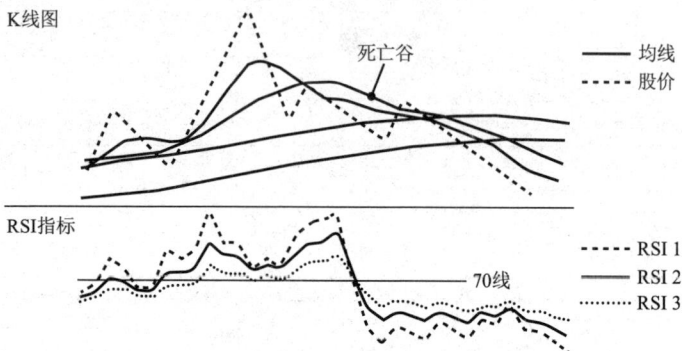

图 4-23　形态示意图

很明显，死亡谷意味着当前行情的转折，或是一波深度下跌的即将到来。若在 K 线拐头下跌的同时 RSI 指标又形成了高位死叉，就更加证实前期涨幅已高，市场过度高估个股，未来下跌幅度可能不小，投资者需要及时借高出货。

接下来通过真实的案例进行深入学习。

实例分析 四川路桥（600039）均线死亡谷 +RSI 高位死叉共振

图 4-24 为四川路桥 2023 年 3 月到 8 月的 K 线图。

在四川路桥的这段走势中，由于股价前期上涨速度较快，短时间内的涨幅也比较可观，RSI 指标在 2023 年 3 月中旬之前就已经来到了 70 线以上。不过随着回调的出现，指标线快速下跌，但很快又在股价重拾升势的带动下继续拉升，回到超买区内。

单看 RSI 指标，投资者就已经可以观察到市场追涨的狂热程度。K 线的走势也确实十分强势，大量投资者持股看涨甚至加仓都是有原因的，但一定要警惕随时可能到来的反转。

4 月底，股价上涨到接近 10.00 元价位线的位置后横盘滞涨，期间 K 线都伸出了长上影线，说明盘中有多次向上试探行为，市场可能正在积蓄力量准备突破。

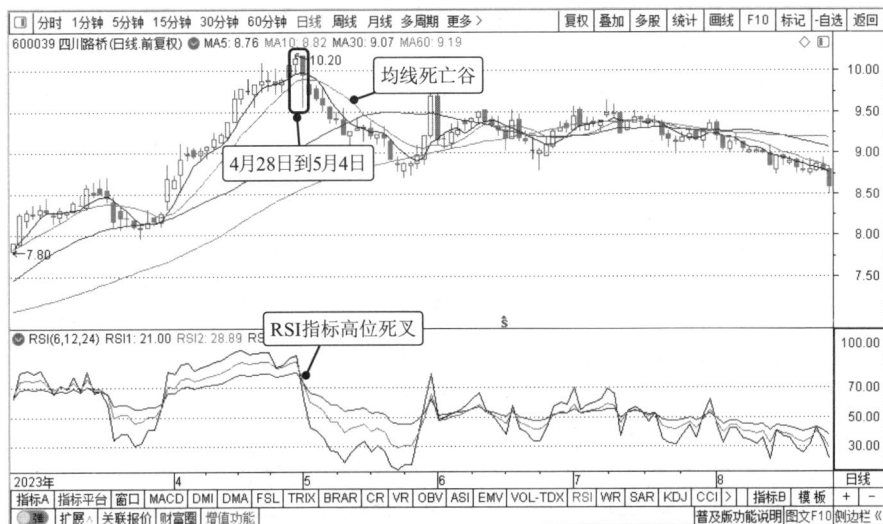

图 4-24　四川路桥 2023 年 3 月到 8 月的 K 线图

但根据前期 RSI 指标长期位于超买区内的走势，投资者也必须将市场卖盘可能即将大批出货，导致价格转折下跌的可能性考虑进来。因此仔细分析近段时期的股价走势成了重中之重。

5 月 4 日，价格突变，K 线收出了一根带有长下影线的阴线，明显与前期的上涨走势不符。机警的投资者当时就应该意识到这可能是反转到来的标志，下面进入分时走势中进一步观察。

图 4-25 为四川路桥 2023 年 4 月 28 日到 5 月 4 日的分时图。

根据 4 月 28 日股价小幅突破关键压力线之后的走势与 5 月 4 日股价突兀下跌的走势对比，投资者可以清晰感觉到主力及场内获利盘大批量抛售对价格造成的影响。

在 5 月 4 日一开盘，成交量就出现了集中巨幅放量，将价格主动下压，使其在短短数分钟内暴跌超过 3%，主力参与痕迹明显。那么根据 K 线图中已经分析出来的信息，其意图就比较好推测了，不是震仓就是出货，后者的可能性显然更高，毕竟 RSI 指标的表现也说明了这一点。

因此投资者在回到 K 线图中，观察到后续几日股价持续收阴下跌靠近

30 日均线，并在 5 月初彻底将其跌破，带动均线组合构筑出死亡谷，并且 RSI 指标也在形成高位死叉后跌破 70 线时，就必须立即卖出止损了。

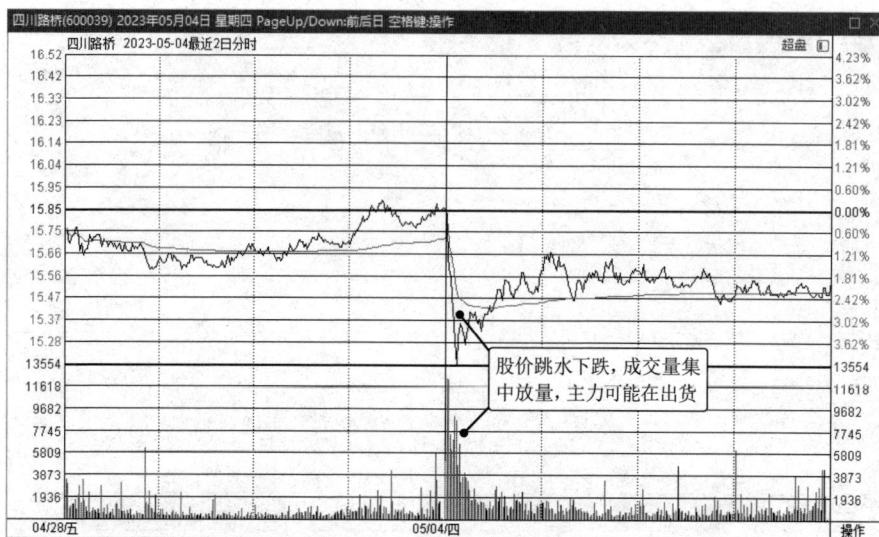

图 4-25　四川路桥 2023 年 4 月 28 日到 5 月 4 日的分时图

第 5 章

超买超卖型指标和停损型指标共振介绍

　　停损型指标顾名思义就是帮助投资者及时止损的指标。比如SAR指标，它能够很直观地用红绿点来展示买卖点位，非常适合新手投资者使用。本章主要介绍的是超买超卖型指标中的KDJ指标、CCI指标与SAR指标的共振技术。

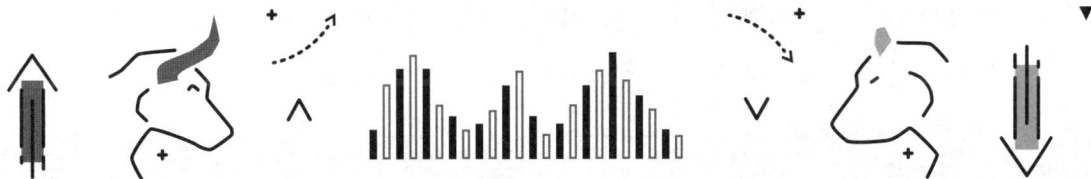

5.1　KDJ 指标与 SAR 指标共振

SAR 指标是一种比较特殊的技术指标，它不同于前面介绍过的各类指标，不需要投资者对其进行过多的解读和分析就可以传递出对应的短期买卖信号。

它的结构和使用原理很简单，如图 5-1 所示。

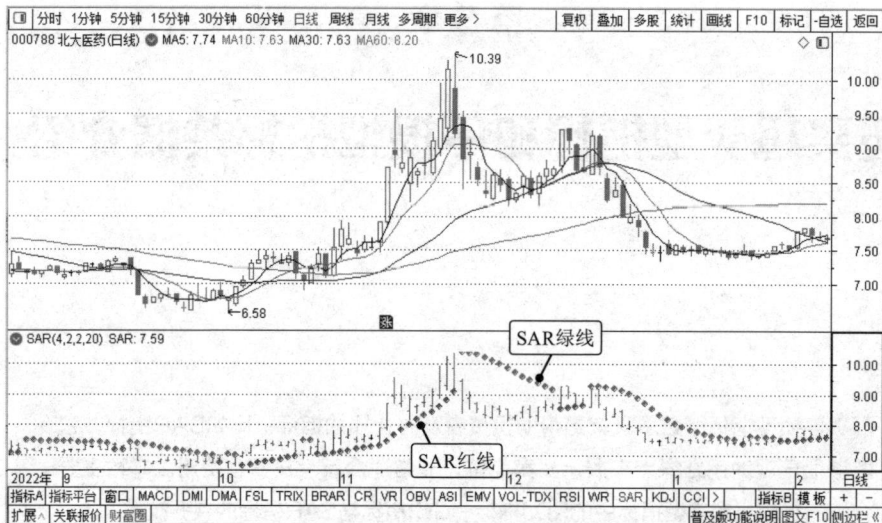

图 5-1　SAR 指标的构成

从图 5-1 中可以看到，SAR 指标主要由一个个颜色不同的点构成，每个交易日对应一个点。当股价涨势良好时，SAR 指标对应的是红点，位于 K 线下方；当股价有下跌趋势时，SAR 指标就会变为绿点，位于 K 线上方。

由此可见，SAR 指标的基础用法就是红点翻绿时卖出，绿点翻红时买进，非常简便。但其缺点也是很明显的，就是研判准确度的问题，因此很多时候投资者还需要结合其他指标的共振技术或 K 线走势来分析。

下面先来大致了解 SAR 指标红绿点翻转的原理。

仔细观察 K 线与 SAR 指标点的关系可以发现，每当 SAR 指标的红点被下降的 K 线接触或跌破时，指标就会翻绿；而当 SAR 指标的绿点被向上的 K 线接触或突破时，指标就会翻红，如图 5-2 所示。

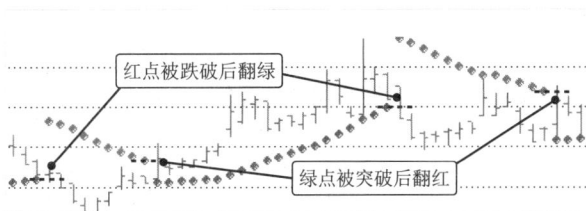

图 5-2　SAR 指标红绿翻转的规律

除此之外，每次 SAR 指标红绿翻转时，第一个红点或绿点大概率都会位于翻转之前 K 线的最低点或最高点附近，如图 5-3 所示。

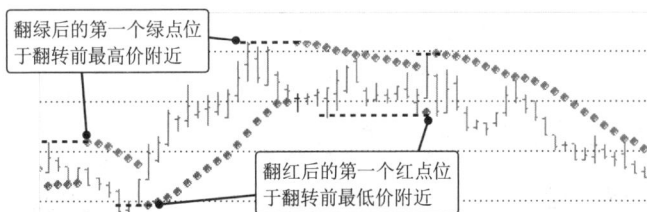

图 5-3　SAR 指标翻转后第一个点的位置

由于翻转过后每个点之间的联系比较紧密，因此 SAR 指标不会在下一个交易日就回到 K 线附近，而是随着股价的运行缓慢靠近 K 线。这样一来，K 线就算在短时间内快速上涨靠近绿点，或者下跌靠近红点，只要没有将其突破或跌破，就不会导致 SAR 指标红绿翻转。

因此 SAR 指标点在某些时候也具备如均线一般的支撑和压制作用，只要翻转没有立即成形，投资者就可以不着急操作。毕竟 SAR 指标变动比较频繁，有时候会多次翻转形成失真信号，因此更适合短线投资者使用，中长线投资者还是要结合其他指标来确定具体的转折买卖点。

下面就来深入学习 KDJ 指标与 SAR 指标的共振技术。

5.1.1　KDJ 高位死叉 +SAR 红翻绿

SAR 指标红翻绿一般意味着股价涨势已尽，或者横盘到头，股价即便不在翻绿当天下跌，也会在短时间内形成弱势走势。如果 KDJ 指标在 SAR 指标红翻绿的同时出现高位死叉，二者形成的看跌共振就可以更好地帮助投资者撤离止损，如图 5-4 所示。

技术图示 KDJ 形成高位死叉时 SAR 红翻绿

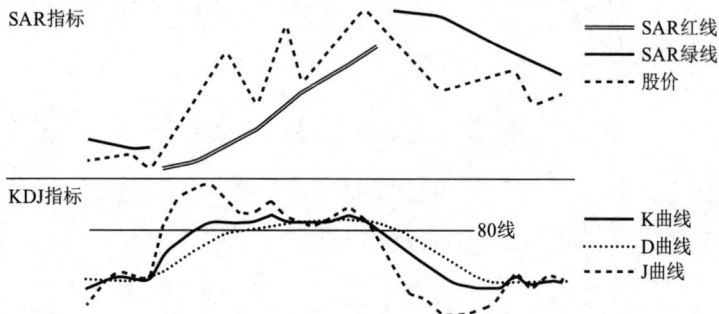

图 5-4　形态示意图

接下来通过真实的案例进行深入学习。

实例分析 长药控股（300391）KDJ 高位死叉 +SAR 红翻绿共振

图 5-5 为长药控股 2024 年 5 月到 9 月的 K 线图。

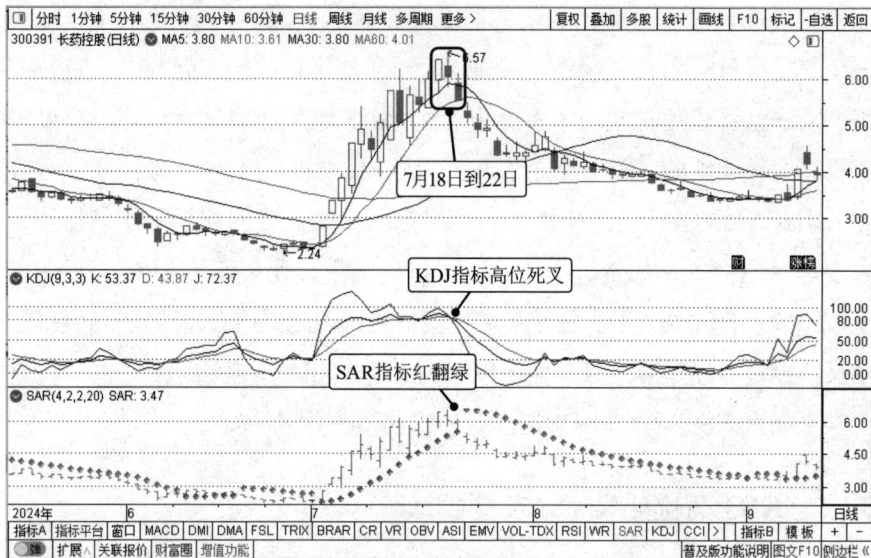

图 5-5　长药控股 2024 年 5 月到 9 月的 K 线图

从图 5-5 中可以看到，长药控股的股价在 2024 年 5 月到 6 月间的下跌趋势十分明朗，中长期均线长期覆盖在 K 线上起压制作用，导致股价多次反弹无果，最终跌到低位。

在此期间观察两个重要指标不难看出，KDJ 指标早已运行到了较低位置，整体在 20 线附近徘徊。而 SAR 指标则长期保持走阴，只有股价小幅反弹的几个交易日才有短暂的翻红，但显然没有太多参与价值，许多投资者仍在场外观望着。

6 月底，股价在 2.24 元的位置触底后没有继续下跌，而是小幅回升后走平，并在 7 月初突然拉出长阳线暴涨，数日后成功突破到中长期均线之上，开启一波强势拉升。

这时相信很多没有时刻关注该股的投资者都没有及时响应，一旦观察到这种明显的异常，投资者基本都可以断定其中有主力在推动，目的自然是获利，那么借此机会跟进的投资者就要警惕其后市的出货行为。

在股价持续上涨的过程中，由于涨势比较稳定，SAR 指标早早翻红并跟随上升，KDJ 指标也来到了 80 线附近，并有形成高位钝化的迹象。这些都证实了该股的短期看涨，投资者可保持持股。

但越到后期，股价上涨的速度就越慢，当其在 7 月下旬连续收出阴线跌破 10 日均线时，投资者就要注意观察分时走势中是否有主力在出货了。

图 5-6 为长药控股 2024 年 7 月 18 日到 22 日的分时图。

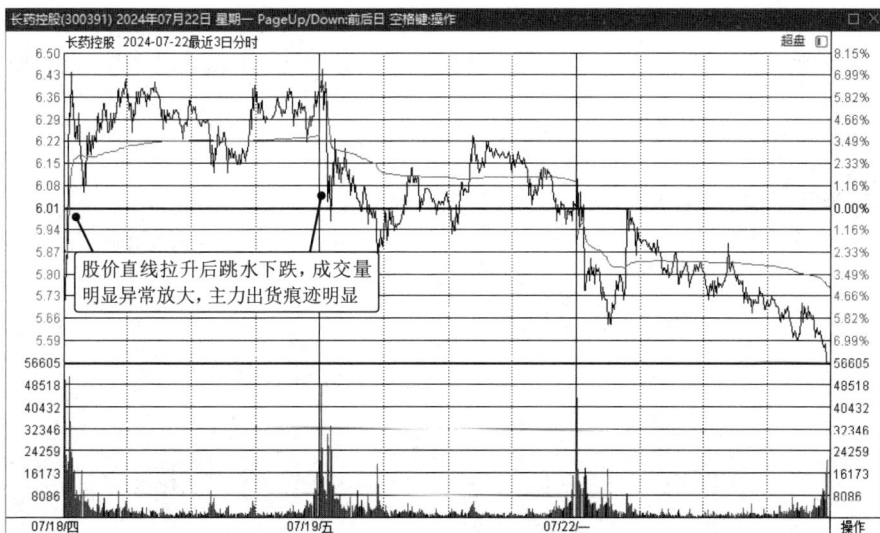

图 5-6　长药控股 2024 年 7 月 18 日到 22 日的分时图

在 7 月 18 日和 19 日，股价仍处于高位震荡中。从这两日的分时走势中可以看到，股价多次在成交量的巨幅放量影响下产生直线暴涨和跳水下跌的走势，尤其是在开盘后前几分钟，股价变动的速度极快，成交量活跃度也最高，显然这是由主力因素所驱动的。

结合当前相较于上涨初始已经翻倍的价格来看，主力在此出货也是有可能的。而且在 7 月 22 日，股价开盘后依旧处于下跌，而并非如前期那般震荡上升，可见价格就此下跌的概率较大，谨慎型投资者还是应以立即卖出为佳。

回到 K 线图中观察两个技术指标的走势。在股价收阴下跌的过程中，KDJ 指标很快跟随在 80 线附近形成高位金叉，指标线持续下滑，很快跌破 50 线。SAR 指标则是在 K 线收阴的第二日，也就是 7 月 22 日由红转绿，配合 KDJ 指标形成看跌共振信号。

两大指标的共振都出现得比较早，反应速度也很快，因此能够为机警的短线投资者提供充足的卖出信息参考。但一些惜售型投资者若没有立即跟随出局，可能就会在 30 日均线被彻底跌破后才下定决心卖出。这时的下跌趋势固然更加清晰，但投资者的损失也比较大，这一点要注意。

5.1.2　KDJ 低位金叉 +SAR 绿翻红

KDJ 指标低位金叉 +SAR 指标点绿翻红的共振与上一节所介绍的正好相反，是股价在由下跌转为上涨的过程中，两大指标共同配合形成的积极看涨形态，如图 5-7 所示。

技术图示 KDJ 形成低位金叉时 SAR 绿翻红

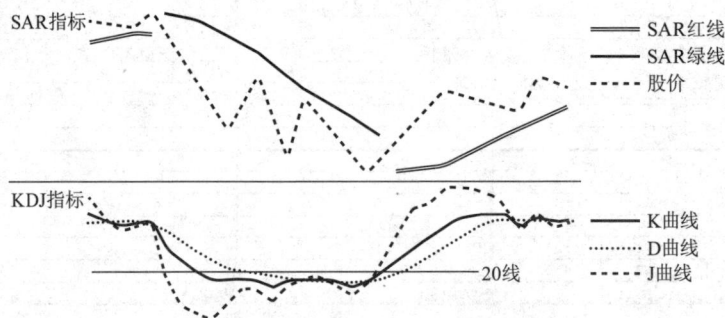

图 5-7　形态示意图

具体的共振含义相信投资者已经非常清楚了，这里就不再赘述。
接下来通过真实的案例进行深入学习。

实例分析 新奥股份（600803）KDJ 低位金叉 +SAR 绿翻红共振

图 5-8 为新奥股份 2023 年 10 月到 2024 年 3 月的 K 线图。

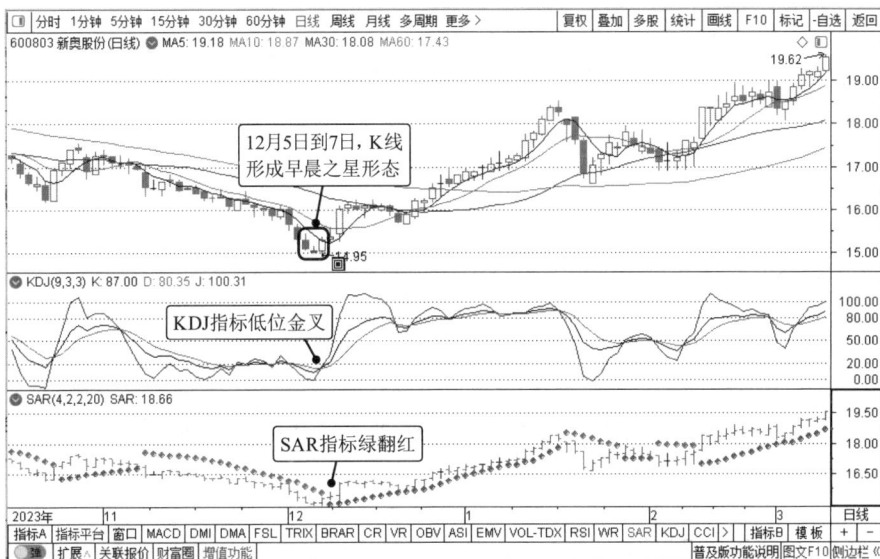

图 5-8　新奥股份 2023 年 10 月到 2024 年 3 月的 K 线图

从图 5-8 中可以看到，新奥股份的股价在 2023 年 11 月的下跌趋势十分
稳定，导致 KDJ 指标在跟随下滑到低位后形成了钝化走势，传递出短期看
跌，但长期看涨的信号。

到了 12 月初，该股才结束上一波下跌，于底部短暂震荡后开始收阳向
上拉升。而在转折的关键位置，K 线不仅构筑出了特殊形态，分时走势中也
有积极信号形成。

图 5-9 为新奥股份 2023 年 12 月 5 日到 7 日的分时图。

在 12 月 5 日，股价仍处于下跌之中，盘中频繁出现的大量柱导致股价
波段下行，整体看跌。到了 12 月 6 日，股价在早盘期间向下试探，触底后
小幅回升，收出一根小实体阳线。

而 12 月 7 日的走势就相对比较异常了，价格在开盘后先是横盘了较长

时间，期间也有向下的试探，不过并未下跌太多。在临近早间收盘时，股价就有明显的快速拉升，下午时段开盘后延续前期走势呈锯齿状上涨，最终收出一根实体较长的阳线。

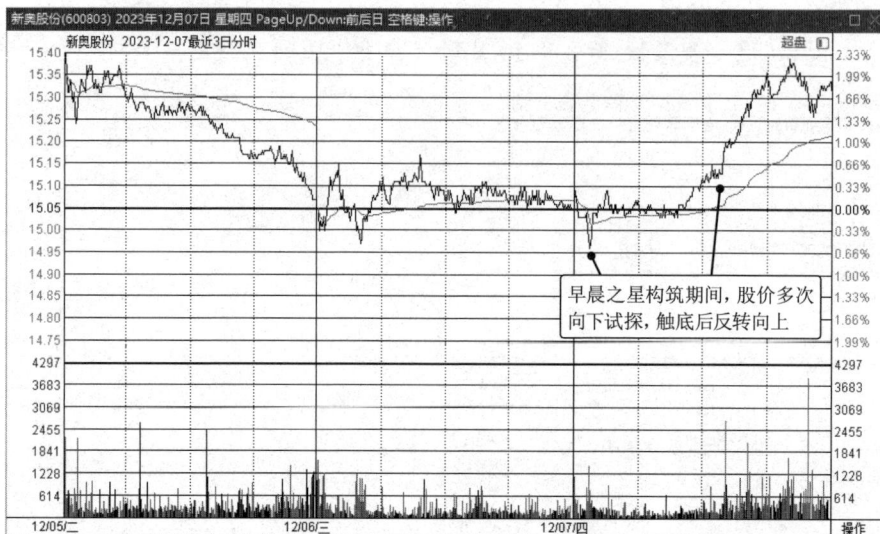

图 5-9　新奥股份 2023 年 12 月 5 日到 7 日的分时图

单单观察这几日的分时走势，投资者都可以看出其中的刻意推涨行为。那么回到 K 线图中，当发现这三个交易日的 K 线正好构筑出一个早晨之星（即长实体阴线＋小实体 K 线＋长实体阳线的组合，其中阴线和阳线的实体长度、位置相近，小实体 K 线位于中间下方）底部反转 K 线形态时，投资者更能确定后续一波上涨的到来。

在早晨之星出现后，K 线连续上升并接触到 30 日均线，尽管并未第一时间突破，但已经带动 KDJ 指标在低位构筑出了一个低位金叉，破坏前期钝化走势。

与此同时，SAR 指标点也被突破并翻红，承托在 K 线下方，配合 KDJ 指标释放出看涨共振信号。这时，激进型投资者已经可以参与注资了。

股价受 30 日均线阻碍后横盘了数日，最终在 12 月下旬成功突破，而且后续也将 60 日均线一同突破。这样的积极上涨带动 KDJ 指标形成高位钝化，SAR 指标也长期走红，看涨信号清晰，谨慎型投资者可以跟进。

5.1.3　KDJ 突（跌）破关键线 +SAR 上（下）行角度增大

在 KDJ 指标中，关键线主要指的是用于分割指标线摆动区域的 20 线、80 线，以及用于区分多空市场的 50 线。KDJ 指标线对这三条关键线的穿越形态，在某些特定时刻意味着股价产生了关键变动。

至于是何种特定时刻，就需要投资者利用 SAR 指标来寻找了。经过数个案例的学习投资者应该清楚，SAR 指标与 K 线的贴合程度并不算高，至少 K 线会在快速涨跌的过程中大幅远离 SAR 指标点。不过最终，SAR 指标点还是会跟随价格的快速变动而加快或减缓涨跌速度。

因此当 SAR 指标点加大上行或下跌角度时，就说明股价的涨速或跌速在短时间内明显加快。这时候如果 KDJ 指标还对某些关键线形成穿越，往往就意味着买卖点的形成，如图 5-10 所示。

技术图示 KDJ 穿越关键线时 SAR 改变运行角度

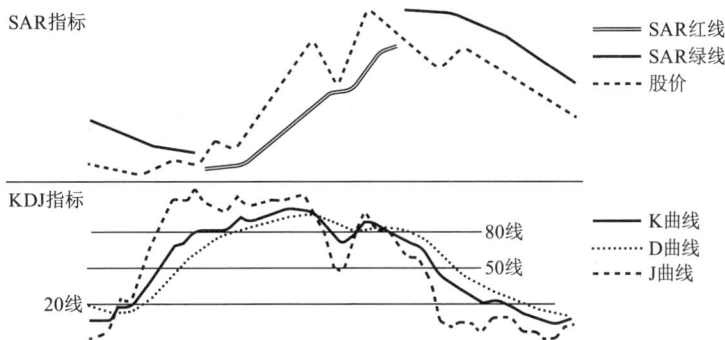

图 5-10　形态示意图

需要注意的是，这种形态可能会产生大量的变种，KDJ 指标穿越的关键线不同，甚至是穿越的顺序不同，发出的涨跌信号方向、强度可能会大相径庭。因此投资者在实战中需要多角度、多方面综合研判，需要具体问题具体分析，灵活改变策略。

接下来通过真实的案例进行深入学习。

实例分析 济川药业（600566）KDJ 穿越关键线时 SAR 改变运行角度

图 5-11 为济川药业 2023 年 10 月到 2024 年 4 月的 K 线图。

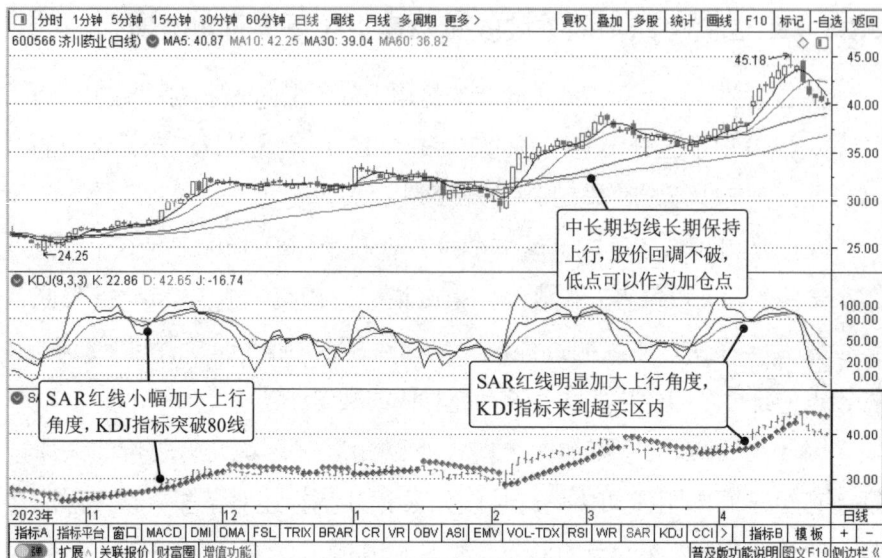

图 5-11　济川药业 2023 年 10 月到 2024 年 4 月的 K 线图

先在济川药业的上涨行情中观察 SAR 指标和 KDJ 指标的表现。在 2023 年 10 月底，股价于 24.25 元的位置触底后开始反转向上，接连突破中长期均线并将其向上扭转，形成看多信号。此时不仅 SAR 指标翻红，KDJ 指标也很快突破到了 80 线上方。

股价初始的上涨速度并不快，但到了 11 月中旬，K 线收出几根实体较长的阳线，使得涨速明显提高。这时，早已在股价转折后不久就转红并承托在 K 线下方的 SAR 指标红点也跟随向上加大了上扬倾角。

与此同时，KDJ 指标也在小幅回落到 80 线下方之后迅速跟随上行，突破了 80 线的关键分界线，与 SAR 指标形成看涨共振。这意味着新一波快速上涨的到来，投资者可伺机建仓或加仓。

继续来看后面的走势。股价在上涨到 30.00 元价位线上方不远处后开始横盘震荡，向着中长期均线被动修复。修复期间 K 线有过一次上冲，但没能维持住涨势，最终下跌靠近均线，被动修复转变为主动修复，此时谨慎型投资者还是可以先行出局观望，避免股价彻底下跌。

2024 年 2 月初，股价在小幅跌破中长期均线后很快恢复，连续收出长阳线上冲。这时，已经下跌到 50 线下方，但尚未跌入超卖区的 KDJ 指标迅速转折形成金叉向上，SAR 指标也立即翻红，共振积极信号明显，这意味着投资者又能够再度建仓入场。

不过由于后续涨势稳定，SAR 指标红点并未出现上扬加速的走势，但 KDJ 指标突破 80 线的走势依旧能够证明市场的看多积极性，投资者可保持持股。

3 月上旬，股价进行了又一次回调，落到 30 日均线上得到支撑后重拾升势。这一次上涨到半途，股价就有明显的加速向上跳空，使得 SAR 指标红点更加清晰地加大了上扬角度。而且同一时期，KDJ 指标再次突破到 80 线以上，形成指标共振，催促投资者继续加仓跟进。

不过需要注意的是，这时该股的价格已经比较高了，而且上涨时间较长，市场有可能出现集中出货压价，导致 K 线彻底跌破中长期均线的支撑。因此投资者要谨慎持股，风险承受能力较弱的投资者可以分段买卖。

下面来看济川药业的股价转入下跌后，市场中的指标表现。

图 5-12 为济川药业 2024 年 4 月到 7 月的 K 线图。

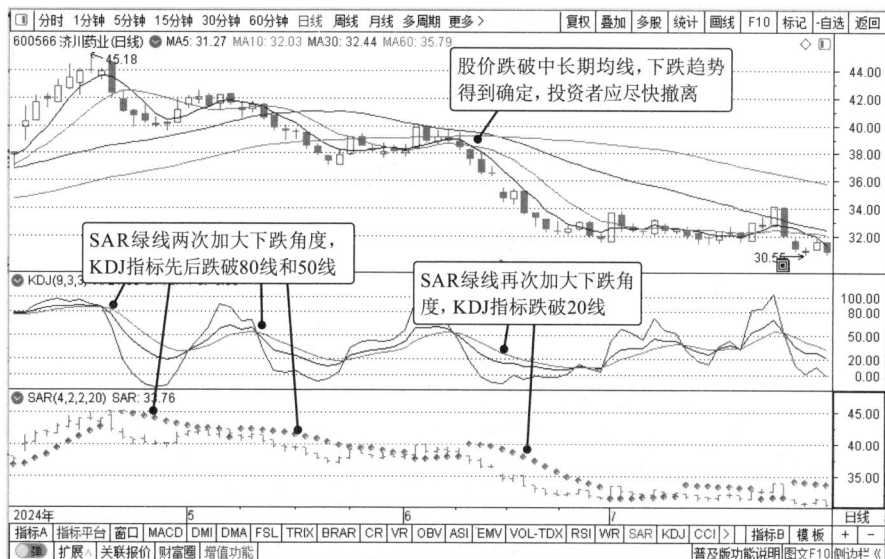

图 5-12　济川药业 2024 年 4 月到 7 月的 K 线图

其实在 SAR 指标红点加大上扬倾角后不久，该股就收阴转入了下跌，并且初始下跌速度比较快，使得 SAR 指标在翻绿后不久就有加速下跌的迹象。虽然并不明显，但依旧与跌破80线构筑出高位死叉的KDJ指标形成了看跌共振，警示投资者及时兑利卖出。

不过此时投资者还尚且无法准确分辨这到底是一次快速回调还是下跌行情的开始，因此许多中长线投资者仍留在场内，这是很正常的。

4月底，股价在30日均线上方得到支撑后继续上涨，但这一次却没能创出新高，而是在42.00元价位线上就受阻下跌了，高点远远低于前期。而且在此之后，股价就彻底跌破了30日均线的支撑。

这时来观察SAR指标不难发现，前期股价的小幅上涨并没有使SAR指标翻红，可见涨势确实微弱。不过这也让SAR指标绿点有所走平，当股价继续下跌时，SAR指标绿点明显向下加大倾角，KDJ指标也同步跌破50线，多方信息综合释放出看跌信号，反应快的投资者最好立即卖出。

在后续的走势中，股价持续下跌，期间形成的反弹没能突破已经转为压制作用的中长期均线，反倒是在接触之后很快转向下跌。

在这一波下跌中，SAR指标绿点再次加速，KDJ指标也跌破20线进入超卖区中，相较于前期的弱势信号来说更加具有危险性，警告场内投资者及时止损卖出，否则将遭受更大的损失。

5.2　CCI指标与SAR指标共振

CCI指标相较于KDJ指标来说比较特殊，最主要的就是它的指标线只有一条，且取值没有上下限，波动范围介于正无穷到负无穷，所以不会像KDJ指标那样钝化，也没有丰富的排列形态及交叉形态。

这样看来，CCI指标似乎并没有太多优势，但它本就是为了观察极端行情的走势而设计的，目标是测量当前价格脱离正常范围的变异性。因此在某些特殊情况下，CCI指标线将具有极高的参考价值。

尽管CCI指标没有取值界定，但其波动范围也有超买区和超卖区之分。超买区以100线为界，100线以上区域为超买区；超卖区则以 –100 线为界，–100线以下区域为超卖区；而 –100 线与100线之间的区域为CCI指标的震荡区域，也叫常态区间，如图5-13所示。

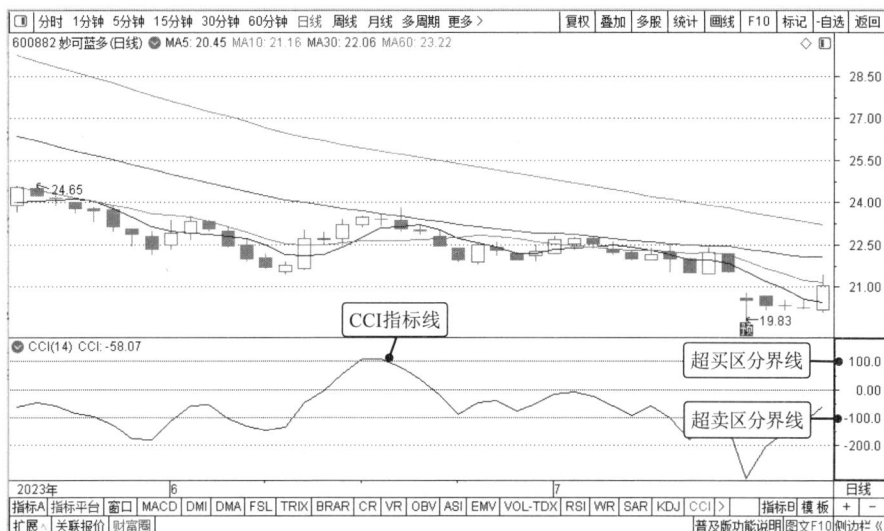

图 5-13　CCI 指标的构成

CCI 指标在常规区域内运行时并没有如 KDJ 指标那样高的参考价值，并且也不以零轴为分界线，因此投资者需要借助其他指标综合判断，比如SAR 指标。但当 CCI 指标运行到常规区域之外，尤其是形成一些特殊形态时，将会传递出极为快速且及时的买卖信号。

下面就来深入学习 CCI 指标与 SAR 指标的共振技术。

5.2.1　CCI 突破 100 线 +SAR 乖离值加大

CCI 指标线上穿 100 线，就意味着指标进入超买区内，市场开启积极追涨状态。若 CCI 指标前期还有过突破失败的走势，那么行情走强的信号将更加强烈。

SAR 指标的乖离值加大则是指股价在短时间内加快涨跌速度，在 SAR指标点还没来得及跟上的时候，二者之间的距离明显拉大的走势，与均线修复之前股价大幅远离的情况比较像，如图 5-14 所示。

一般来说，CCI 指标线运行到超买区内都是短期看涨的信号。但由于CCI 指标的计算原理特殊，一旦股价上涨的速度有所减缓，指标线就会很快走平乃至下跌。因此 CCI 指标线经常会提前转折下跌，但只要没有彻底跌回 100 线内，股价的积极走势就还可以延续。

这时，SAR 指标红点对 K 线的支撑作用就比较重要了。当 CCI 指标线转折向下靠近 100 线，但 K 线并未跌破 SAR 指标红点时，投资者就可以保持持股，等待后续变动。

技术图示 CCI 突破 100 线时 SAR 乖离值加大

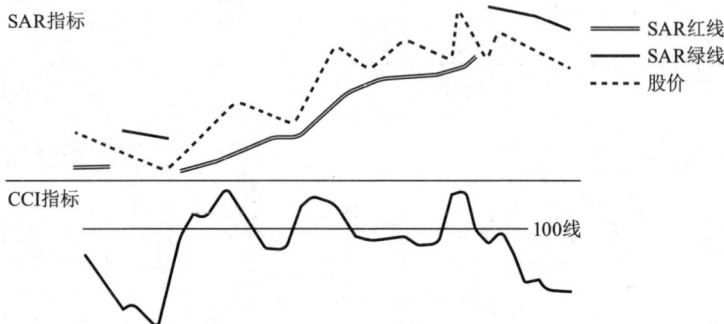

图 5-14　形态示意图

接下来通过真实的案例进行深入学习。

实例分析 招商南油（601975）CCI 突破 100 线 +SAR 乖离值加大共振

图 5-15 为招商南油 2023 年 12 月到 2024 年 6 月的 K 线图。

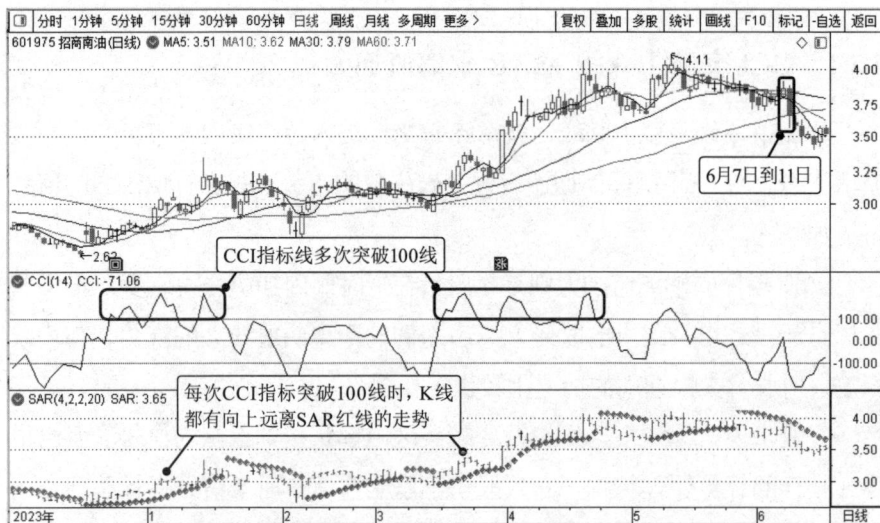

图 5-15　招商南油 2023 年 12 月到 2024 年 6 月的 K 线图

从招商南油这段走势中的中长期均线表现来看，该股从 2023 年 12 月底转折之后就进入了牛市行情。在上涨的第一阶段，股价震荡拉升突破中长期均线的过程中，CCI 指标线就被带动向上，连续三次冲到 100 线上方，每一次都对应着股价的积极上涨，并且股价的高点还在持续上移，说明当前涨势积极，是不可多得的低位建仓机会。

这时来观察 SAR 指标可以发现，指标点在 12 月就翻红并承托在 K 线下方。尽管后续股价多次回调，但都没有跌破 SAR 指标红点，反倒是多次向上加大乖离值，配合 CCI 指标线释放出清晰的看涨信号。

在此之后，股价就进入了两个多月的震荡整理阶段，期间价格高点缓慢下移，但并未彻底跌破中长期均线，可见市场仍有支撑。只是 CCI 指标线落回了常态区间，SAR 指标也多次翻转，信号有所失真，投资者尚需观望。

3 月中旬，横盘终于有了结果，股价开始收阳向上突破，很快便将 CCI 指标线带动冲到 100 线上，同时 SAR 指标也翻红并加大了乖离值，这预示着下一波拉升在即，投资者要抓紧时间。

在后续的一个多月时间内，该股的涨势与 2023 年 12 月底到 1 月中旬的十分类似，都是在震荡中高点、低点渐次上移，CCI 指标线多次突破 100 线，K 线与 SAR 指标红点产生乖离。因此其释放的信号也是差不多的，投资者可按照前期策略操盘，但要注意高位反转的风险。

这一次，股价一直上涨到 4.00 元价位线上方才滞涨震荡，K 线多次向下回踩 30 日均线，不过并没有第一时间跌破。

5 月下旬，30 日均线已经逐步在 K 线走平的影响下减缓上扬角度。而随着 K 线的小幅跌破及后续突然收出的大阴线，30 日均线彻底扭转向下，SAR 指标早已翻绿，形成卖出信号。

在收阴彻底跌破的当日，分时走势也有明显异常。

图 5-16 为招商南油 2024 年 6 月 7 日到 11 日的分时图。

从图 5-16 中可以看到，该股在暴跌的前一日还能在开盘后维持一段时间的上涨，成交量也有放量支撑，看似有回转的可能。但 6 月 11 日开盘后的巨量压价无疑说明了这大概率是主力诱多的手段，结合 K 线图中的情况来看，下跌在即，投资者不可再继续停留。

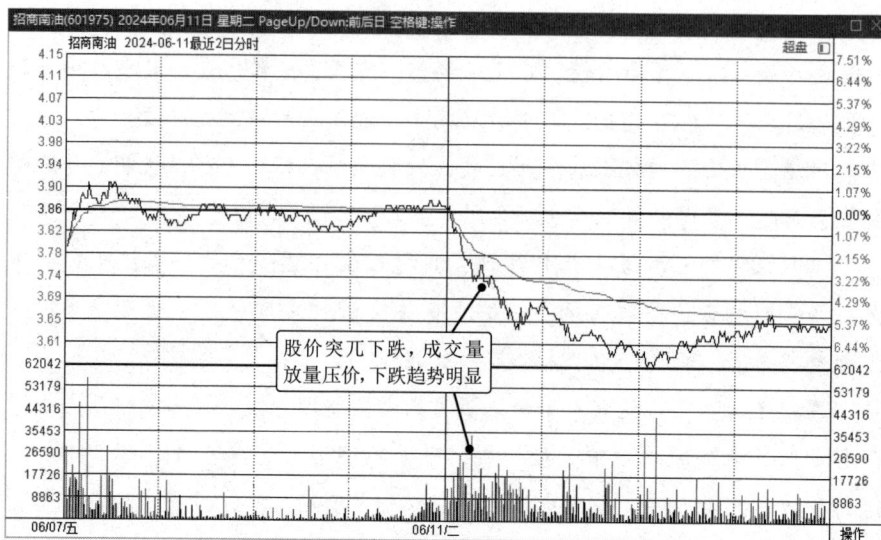

图 5-16　招商南油 2024 年 6 月 7 日到 11 日的分时图

5.2.2　CCI 跌破 –100 线 +SAR 乖离值加大

CCI 指标线跌破 –100 线往往说明股价短时间内跌幅较大，或是跌速较快。这也会导致 K 线与 SAR 指标绿点拉开距离，形成看跌共振信号，如图 5-17 所示。

技术图示 CCI 跌破 –100 线时 SAR 乖离值加大

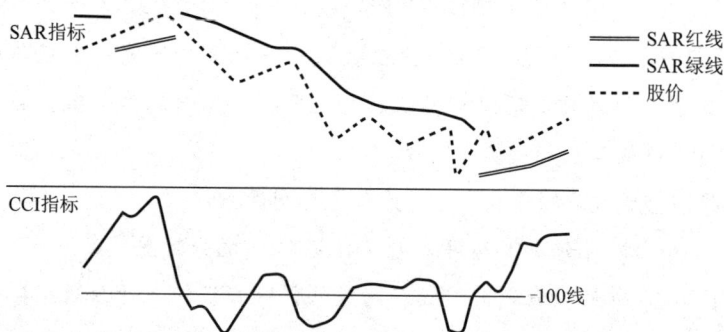

图 5-17　形态示意图

在这种情况下，投资者就最好不要惜售，而是趁着股价跌势尚浅迅速止损。

接下来通过真实的案例进行深入学习。

实例分析 剑桥科技（603083）CCI 跌破 -100 线 +SAR 乖离值加大

图 5-18 为剑桥科技 2023 年 5 月到 9 月的 K 线图。

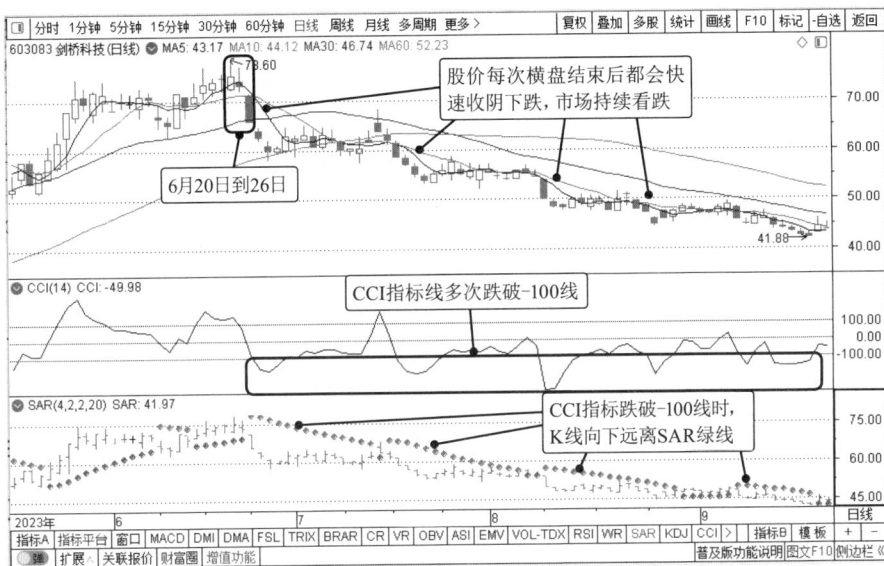

图 5-18 剑桥科技 2023 年 5 月到 9 月的 K 线图

2023 年 5 月到 6 月下旬，剑桥科技的股价虽然仍在上涨，但明显涨速越到后期越慢，股价的高点都没有上扬太多。而且观察 CCI 指标线的表现，其高点大幅下移，与股价形成了顶背离，传递出行情即将反转的信号。

6 月底，K 线跳空向下收阴，低点已经接触到了 30 日均线。与此同时，SAR 指标红点翻绿，CCI 指标线也跌破 100 线，看跌信号初步形成。

下面来看当日的分时走势。

图 5-19 为剑桥科技 2023 年 6 月 20 日到 26 日的分时图。

6 月 20 日是股价依旧创出新高的交易日，从图 5-19 中可以看到，股价在开盘后就被积极放大的成交量迅速推涨。然而数分钟后股价就冲高回落，最终收出一根带有长上影线的阳线。

次日开盘后成交量同样积极放量，股价虽有上涨，但没能坚持太久，后续收出一根小实体阴线，下跌趋势还不太明显。不过 6 月 26 日的下跌就快多了，股价直接跳空向下开盘，后续持续下跌，最终跌停收盘。同时，成交量也有大幅放量，说明市场卖盘正在批量卖出。

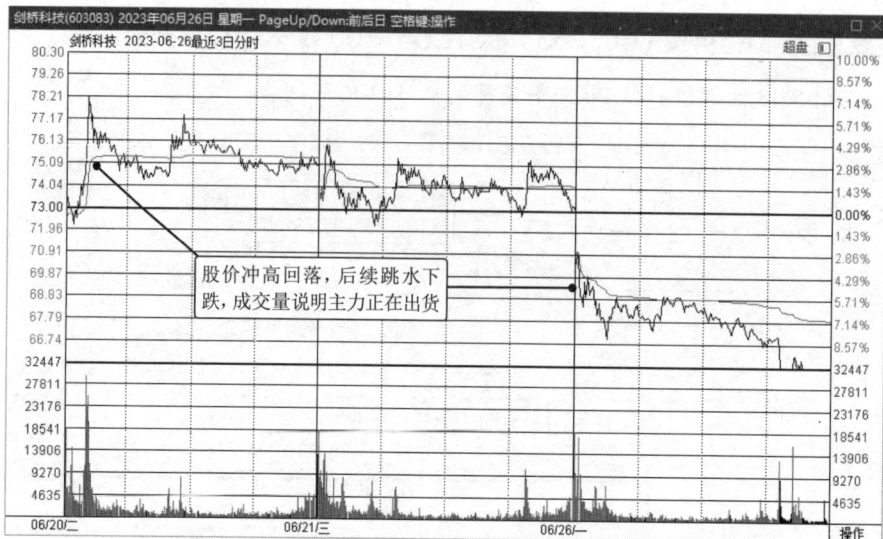

图 5-19　剑桥科技 2023 年 6 月 20 日到 26 日的分时图

　　数日之后，K 线彻底跌破 30 日均线，落到 60 日均线上后横盘震荡了一段时间。期间 CCI 指标线小幅跌破 -100 线，不过没有持续太长时间，便随着股价的小幅反弹而回到常态区间内。

　　很快，股价突破 30 日均线失败后拐头下跌，导致 CCI 指标线又一次跌破 -100 线，而且 SAR 指标也持续走绿，并与 K 线拉开距离，这预示出下一波下跌的到来，此时还未离场的投资者要注意及时止损。

　　在未来的较长一段时间内，股价都表现出阶梯式下跌的状态，CCI 指标线也多次跌破 -100 线，SAR 指标长期走绿，共振信号一直保持看跌，这警示投资者不可轻易介入。

5.2.3　CCI 双重底 +SAR 多次翻转

　　CCI 指标的双重底指的是指标线在 -100 线附近两次下跌又两次上冲而构筑出的双尖角形态，两个波谷的低点需要相近。

　　而在 CCI 指标线多次震荡的过程中，股价也必定产生了一定的波动，这就可能导致 K 线多次突破或跌破 SAR 指标点，使其多次翻转，信号有所失真，如图 5-20 所示。

技术图示 **CCI 形成双重底时 SAR 多次翻转**

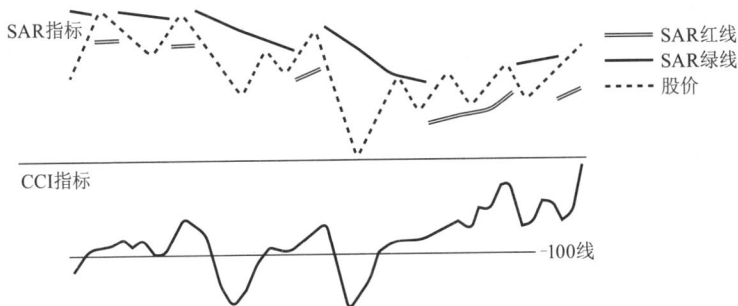

图 5-20　形态示意图

CCI 指标线的双重底一般是股价即将筑底反转的标志，其低点的走平与股价的低点下移形成了一定背离。不过这也说明在 CCI 指标的双重底筑底过程中，股价还在持续下跌，只是跌势有所减缓而已。因此即便形态的第二个底也构筑完成，若股价没有明显回升迹象，SAR 指标也没有翻红，投资者就不可轻易介入，避免因判断失误被套场内。

接下来通过真实的案例进行深入学习。

实例分析 **太平鸟（603877）CCI 双重底 +SAR 多次翻转共振**

图 5-21 为太平鸟 2022 年 3 月到 8 月的 K 线图。

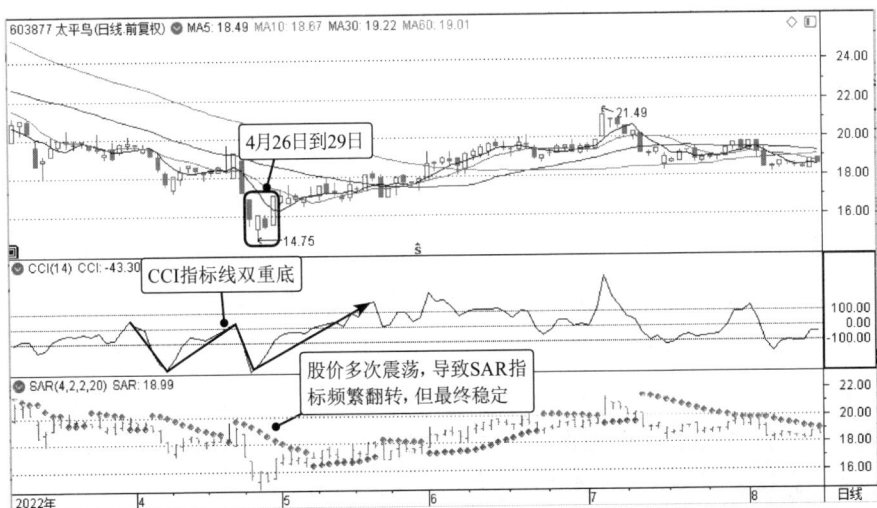

图 5-21　太平鸟 2022 年 3 月到 8 月的 K 线图

太平鸟的股价在 2022 年 3 月到 4 月一直维持着下跌状态，无论是高点还是低点都在渐次下移。尤其是在 4 月下旬，股价下跌的速度明显加快，这导致 K 线向下大幅偏离了 SAR 指标绿点。

在股价多次下探的过程中，CCI 指标线也有两次明显跌破到 −100 线以下，并且低点位置相近，形成双重底形态。在双重底构筑过程中，SAR 指标跟随出现了多次翻转，但整体以绿线压制下跌为主，可见二者的共振释放出的是短期看跌，但长期可能反转看涨的信号。

在最后一波下跌中，股价跌到 14.75 元的位置后开始上升，底部的几个关键交易日给出了拉升信息。

图 5-22 为太平鸟 2022 年 4 月 26 日到 29 日的分时图。

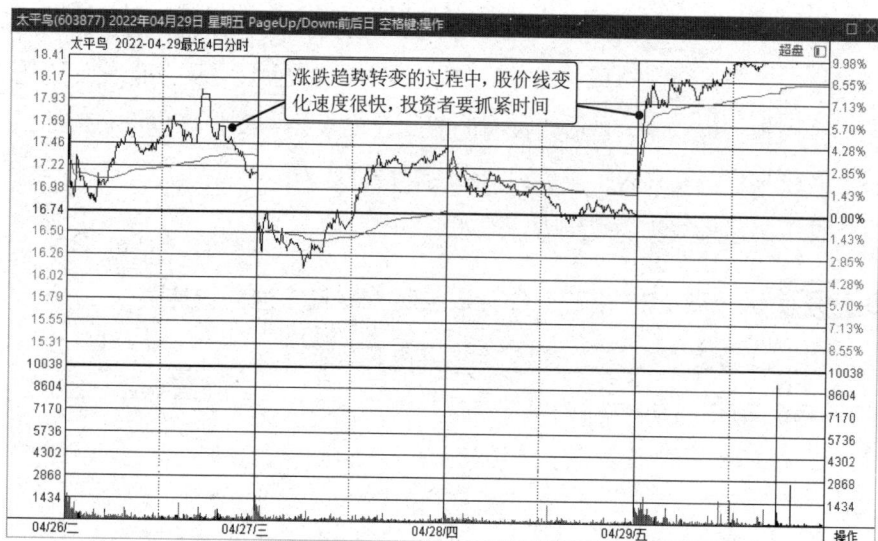

图 5-22　太平鸟 2022 年 4 月 26 日到 29 日的分时图

图 5-22 展示了四个交易日的分时走势，其中 4 月 27 日的探底和 4 月 29 日的拉升是关键，尤其是拉升当日，成交量的表现和股价的直线暴涨证实了盘中有主力在积极推动。

而且将时间周期拉长来看，这四日的股价线联合形成了一个类似于双重底的形态，尽管低点位置并不齐平，但依旧有雏形。结合外部 K 线图中的 CCI 指标线双重底来看，股价可能即将发生大的转变。

果然，此后股价缓慢但稳定地上涨，半个月后成功突破 30 日均线的压制，SAR 指标也由绿转红，二者配合释放出了看涨信号，前期一直保持观望的投资者此时就可以跟进了。

5.2.4　CCI 双重顶 +SAR 多次翻转

通过对上一个案例的学习，相信投资者对 CCI 指标双重顶 +SAR 指标多次翻转的指标共振形态也有了一定的了解，如图 5-23 所示。

技术图示 CCI 形成双重底时 SAR 多次翻转

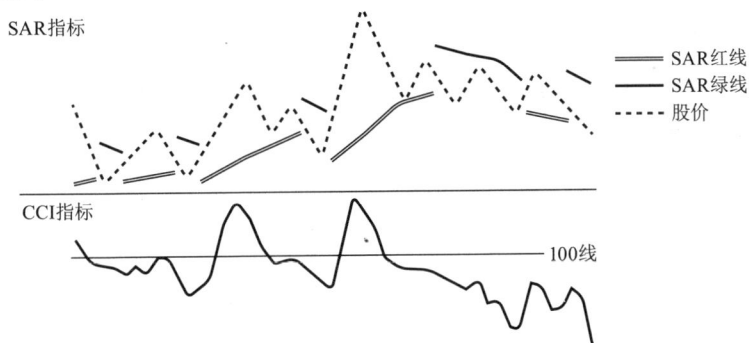

图 5-23　形态示意图

接下来通过真实的案例进行深入学习。

实例分析 天孚通信（300394）CCI 双重顶 +SAR 多次翻转共振

图 5-24 为天孚通信 2023 年 3 月到 7 月的 K 线图。

在天孚通信的这段走势中，中长期均线长期承托在 K 线下方，行情整体走牛，大量投资者也趁机参与其中。

在 2023 年 3 月下旬到 4 月中旬这一个月左右的时间内，股价从 30 日均线附近得到支撑后呈波段上涨，高点逐步上移。在此期间，CCI 指标线两次明显向上突破 100 线，且两个高点基本走平，构筑出双重顶形态。

这是股价可能即将回调或是下跌的预示，结合后面高点难以突破压力线的状态来看，这一推测还是有很大概率实现的。而且 SAR 指标在股价于 4 月初下跌的同时就翻绿了，后续股价的继续上涨也只是小幅突破，SAR 指标在一个交易日后就回归绿点，可见下跌即将出现，投资者要注意。

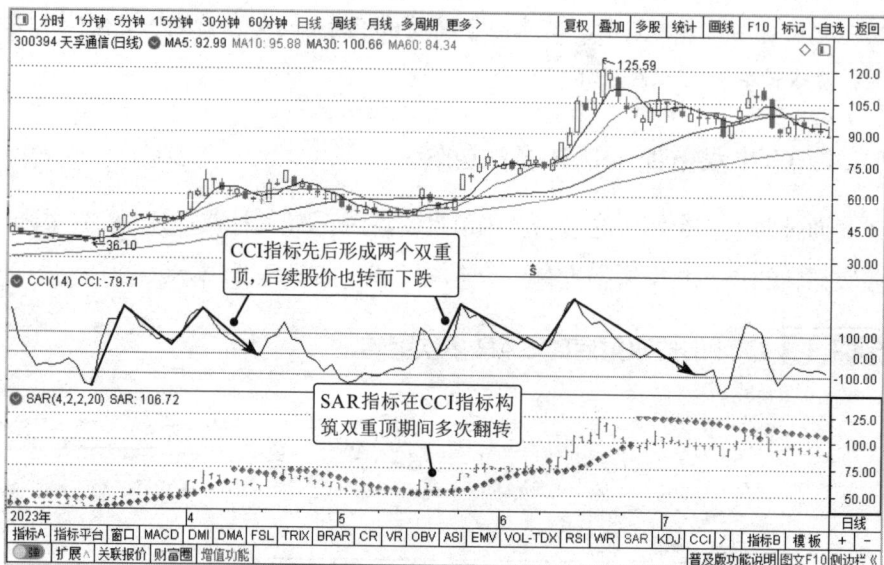

图 5-24　天孚通信 2023 年 3 月到 7 月的 K 线图

　　不过此次下跌只是一次回调，半个月后，股价就踩在 60 日均线上继续上涨了。在 5 月中旬到 6 月中旬，股价的上涨与前期的十分相似，CCI 指标线也多次突破 100 线，构筑出又一个双重顶形态。那么根据前期经验来看，一波下跌又要形成，投资者要特别注意盘中是否有变盘信号出现。

　　6 月中旬，股价在小幅越过 120.00 元价位线后很快收阴下跌，数日后就将 SAR 指标跌破并翻绿，CCI 指标线也跌到常态区间内。这就是一个明确的下跌信号，投资者最好及时卖出。

第 6 章

多类别技术指标共振综合实战

　　股市中的大量技术指标其实并不总是需要两两配对才能产生共振，从理论上来说，任何两种技术指标都可以产生共振，因此投资者在实战中也要学会多角度分析、多方位应用共振技术。本章就将前面所介绍的一些常用的且有效的技术指标结合起来，通过两段真实的走势展示实战指标共振技术。

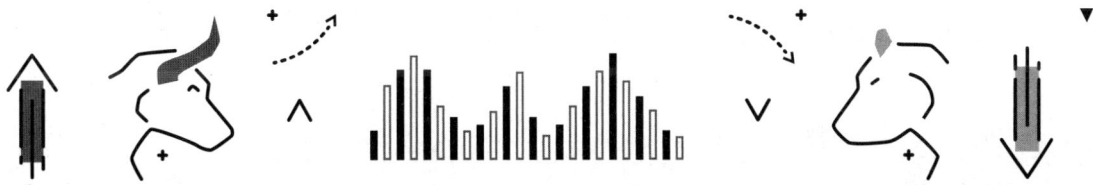

6.1　上涨行情多指标共振应用

在上涨行情中，投资者不仅要关注在哪些合适的位置建仓或加仓，还要注意随时可能到来的回调及行情转折。

通过前面几个章节的学习，相信投资者对如何利用指标共振技术寻找转折点积累了丰富的经验。那么本节就选取萃华珠宝（002731）的一段上涨走势，深入分析其中所包含的指标共振形态和具体应用。

6.1.1　涨跌趋势转变初期的买卖点

在下跌行情结束，上涨行情初现端倪的时期，技术指标是很有可能形成预先提示信号的，比如 KDJ 指标和 MACD 指标的底背离，又或是 CCI 指标的双重底。一旦这些形态形成共振，投资者就可以给予个股高度关注。

除此之外，K 线走势和均线修复也是投资者需要重点分析的，下面就来看一下萃华珠宝涨跌趋势转变的过程。

实例分析　上涨初期技术指标共振

图 6-1 为萃华珠宝 2021 年 6 月到 10 月的 K 线图。

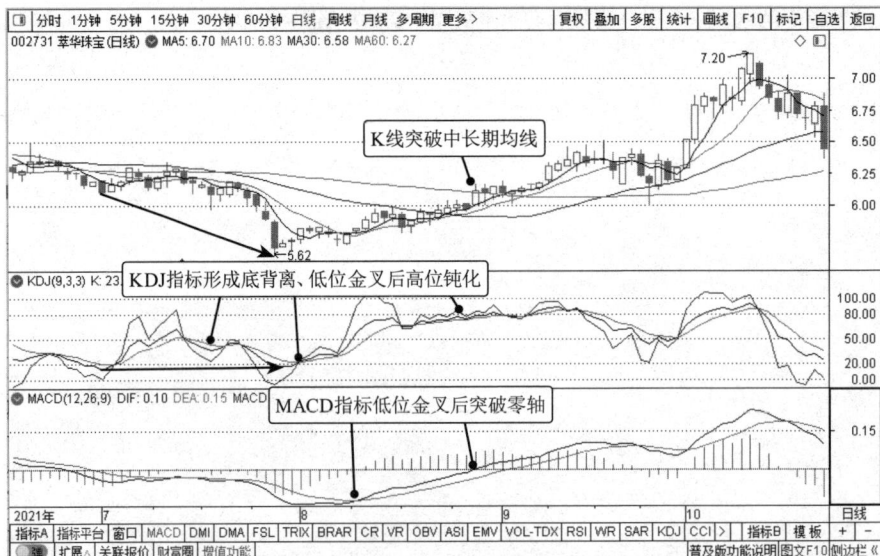

图 6-1　萃华珠宝 2021 年 6 月到 10 月的 K 线图

在 2021 年 7 月下旬之前，萃华珠宝的股价虽然仍处于下跌之中，但下跌速度比较恒定，整体更偏向震荡。而到了 7 月下旬，K 线突然连续收出多根阴线大大加快下跌速度，并在短时间内与中长期均线产生了较大偏离。

根据前面所学的内容来看，这样的走势一是可能引起均线修复，二是可能意味着有主力在其中压价吸筹，未来有机会产生转折。因此投资者要寻找场内的其他信息进行验证。

来看 KDJ 指标的表现，在股价持续下跌，低点下移的过程中，KDJ 指标中 K 曲线的低点其实是有小幅上移的，尽管并不明显，但依旧形成了底背离，预示出反转可能即将到来。不过由于股价尚未明确出现上涨，投资者还不能着急介入。

7 月底，这一波快速下跌到达了 5.62 元的底部，随后立即收阳转折。刚开始股价的涨速并不快，直到突破 10 日均线之后才有比较明显的拉升表现。这时，KDJ 指标和 MACD 指标都已经被带动构筑出低位金叉，双指标共振信号成形，投资者可迅速买进。

从后续的走势中可以看到，该股在成功越过 30 日均线的压制后就长期维持着稳定的上涨。期间，KDJ 指标在 80 线附近形成高位钝化，MACD 指标线也几乎呈平行上移，并突破到多头市场之中，看涨信号持续出现，投资者可保持持股，等到明显回调出现再卖出。

下面就来看萃华珠宝的股价上涨到一定位置形成回调时，盘中各大指标的共振表现。

图 6-2 为萃华珠宝 2021 年 9 月到 12 月的 K 线图。

从图 6-2 中可以看到，到 2021 年 10 月中旬时，萃华珠宝的股价已经上涨到了 7.00 元价位线附近。在此压力线受阻小幅回调后，股价重拾升势，在 11 月拉出一波远超前期的暴涨。在短短一个月的时间内，该股就从 6.50 元价位线附近冲到最高 12.19 元，涨幅高达 87.54%，投资者收益颇丰。

但观察下方的成交量就可以发现，量能只是在暴涨的开始为股价提供过放量支撑，到了后期量能就明显缩减，与之形成量缩价涨的背离。显然，这是市场推动力不足，股价上涨难以为继的表现。

再看 CCI 指标，指标线也只是在上涨初始突破到 100 线上方，随着涨势的持续，指标线逐步下滑，也与股价形成看跌背离。那么尽管此时 KDJ 指标形成高位钝化，投资者也最好保持高度警惕，必要时提前出局。

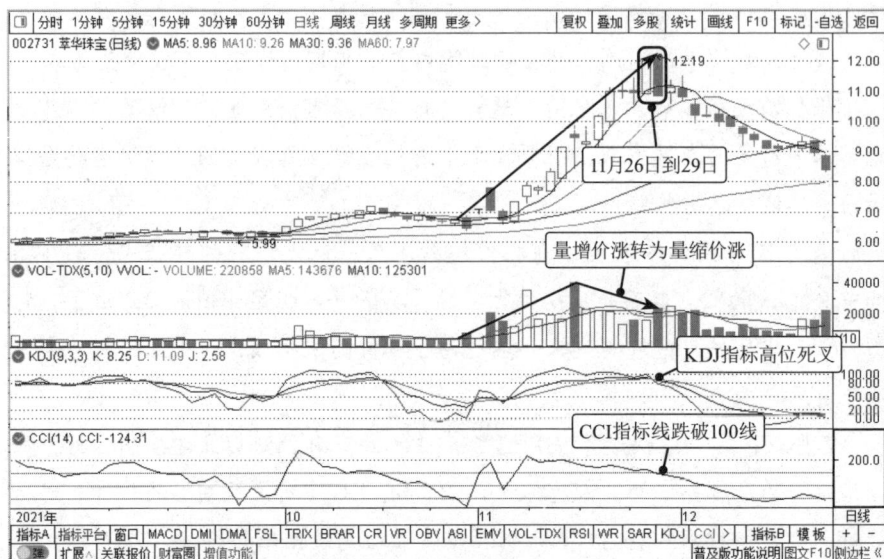

图 6-2　萃华珠宝 2021 年 9 月到 12 月的 K 线图

11 月 29 日，K 线突兀反转收出大阴线，实体远超前期，大概率是下跌的标志。下面来看这几日的分时走势。

图 6-3 为萃华珠宝 2021 年 11 月 26 日到 29 日的分时图。

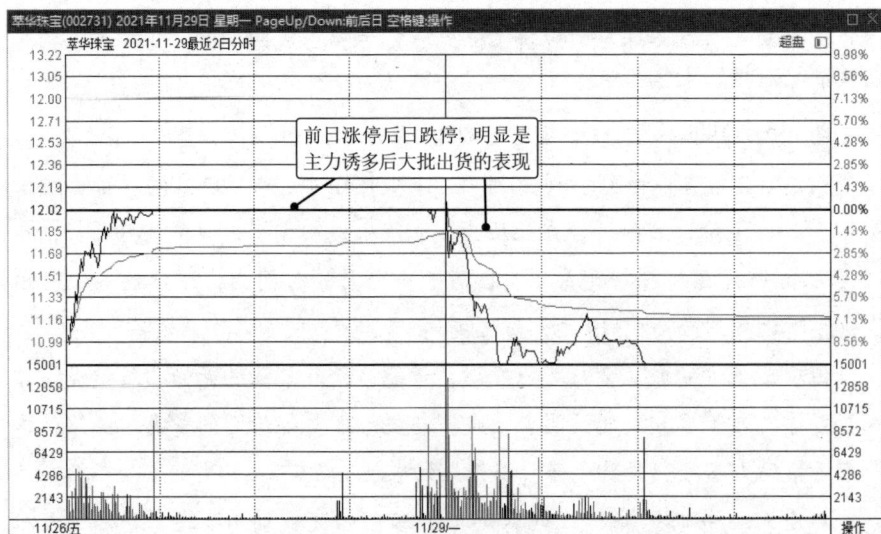

图 6-3　萃华珠宝 2021 年 11 月 26 日到 29 日的分时图

11 月 26 日是股价依旧处于上涨的交易日，从图 6-3 中可以看到，当日股价的涨势非常迅猛，前期几乎呈斜线拉升，后期也在震荡中达到了涨停。在涨停当时，成交量还放出巨大量柱封板，主力参与痕迹明显。

11 月 29 日开盘后，股价就出现了跳水下跌的走势，并且成交量活跃度远超前日，大概率是主力出货或是震仓导致的。结合 K 线图中当前涨势已高，以及成交量和 CCI 指标的背离警告信号来看，投资者应当及时撤离观望。

回到 K 线图中，从后续的走势可以看到，该股在此之后持续下跌，导致 KDJ 指标结束高位钝化形成死叉，CCI 指标线也彻底跌破 100 线，卖出共振信号清晰，投资者最好迅速止损。

6.1.2 回调结束后的指标共振

在深度回调进行期间，只要中长期均线还能够对 K 线形成支撑，上涨行情就还有延续的希望。如果各大指标能够在回调后期出现看涨共振形态，投资者就可以尝试重新建仓，抓住后续涨幅，下面来看具体的案例。

实例分析 上涨开启，共振寻买卖点

图 6-4 为萃华珠宝 2022 年 1 月到 3 月的 K 线图。

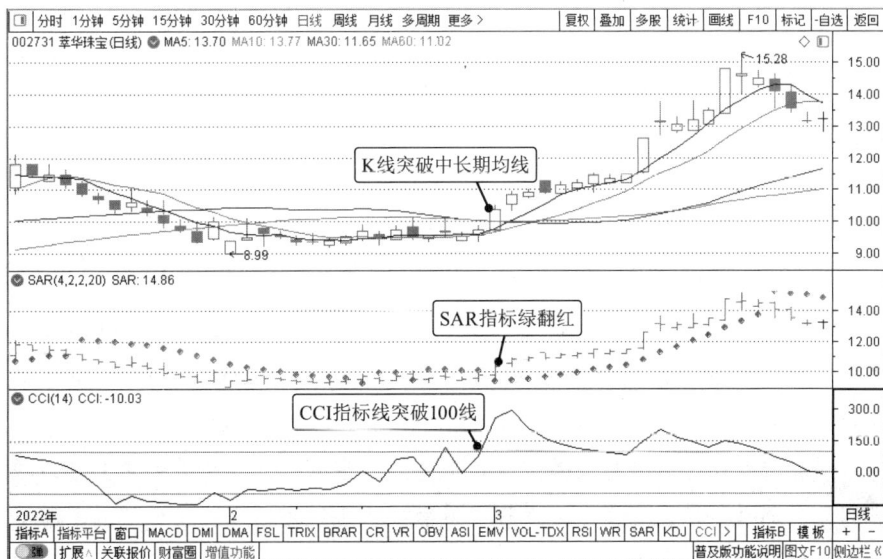

图 6-4 萃华珠宝 2022 年 1 月到 3 月的 K 线图

在 2022 年 1 月，萃华珠宝的股价仍处于回调之中，到 2 月初时已经跌到 9.00 元价位线上方，也算是跌破了中长期均线。

不过在此之后，股价就得到支撑开始横盘震荡，中长期均线回落靠近 K 线。这时的均线支撑力已经转为压制，若股价不能完成突破，未来就可能彻底进入下跌行情，投资者要注意观察。

2 月底，随着中长期均线的靠近，突破时机来临了。正是在此时，K 线收出一根长实体阳线，高点成功越过中长期均线的压制。与此同时，下方的 SAR 指标立即翻红，CCI 指标线也突破了 100 线。除此之外，其他指标也有看涨共振信号发出。

图 6-5 为萃华珠宝 2022 年 1 月到 3 月的 K 线图。

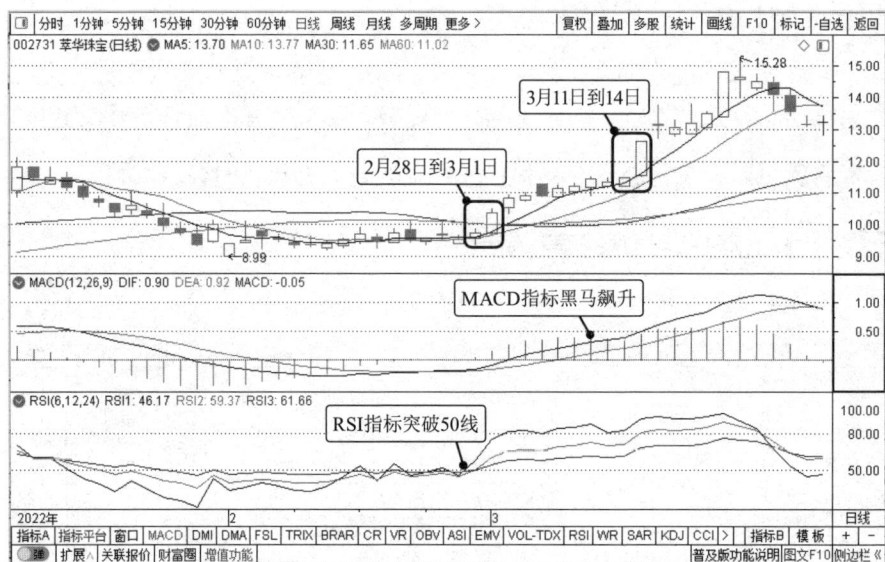

图 6-5　萃华珠宝 2022 年 1 月到 3 月的 K 线图

从图 6-5 中可以看到，在 K 线突破中长期均线的同时，MACD 指标已经构筑出低位金叉，并很快突破零轴。RSI 指标则明显脱离前期在 50 线附近的横向震荡走势，向上形成突破。

多指标在同一时期形成看涨共振形态，已经充分证实了下一波上涨的即将到来，那么当投资者在分时走势中观察到更多积极信号时，就可以更加大胆地加仓。

图 6-6 为萃华珠宝 2022 年 2 月 28 日到 3 月 1 日，以及 3 月 11 日到 14 日的分时图。

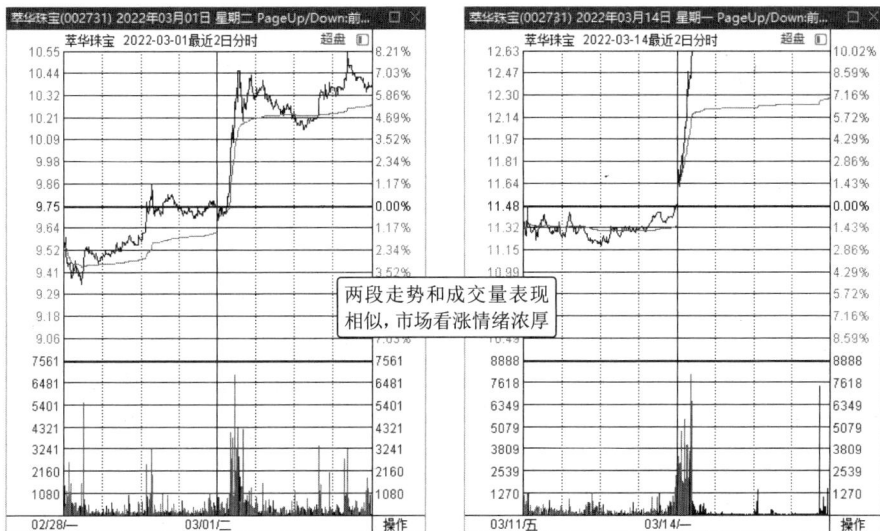

图 6-6　萃华珠宝关键交易日的分时图

如图 6-6（左）所示，是股价这次突破的分时走势，从分时图中可以看到，股价线走出了十分清晰的阶梯式上涨，盘中量能多次集中释放，推动股价多次直线拉升，市场积极追涨情绪浓厚。

回到 K 线图中观察，股价此后稳定上涨，在 11.00 元价位线上短暂横盘后又一次拉出长阳线。如图 6-6（右）所示，是此次上涨的分时表现，股价上涨的速度明显更快，预示出的拉升信号也更加强势。

这时，MACD 指标已经走出黑马飙升形态，RSI 指标也来到 80 线上方，在多指标共振的情况下，投资者完全可以趁机加仓。

不过经过一波连续的上涨后，投资者还需要借助合适的时机卖出手中持股，才能将收益兑现。下面就来看此次上涨到末期时，指标的共振卖出信号。

图 6-7 为萃华珠宝 2022 年 3 月到 5 月的 K 线图。

2022 年 4 月初，股价上涨到了 15.00 元价位线上方，高点相较于前期是上移的。不过观察下方的 MACD 指标可以发现，DIF 的高点几乎走平，形成高位钝化的同时也与股价形成背离。再看 RSI 指标，指标线的高点明显下移，出现了顶背离，配合 MACD 指标发出反转共振信号。

4月上旬，股价收出阴线跌破15.00元的支撑线，向着中长期均线主动修复。这时的KDJ指标和MACD指标同步形成高位死叉，RSI指标也在同一时期跌破50线，下跌信号十分清晰，投资者要注意止损卖出。

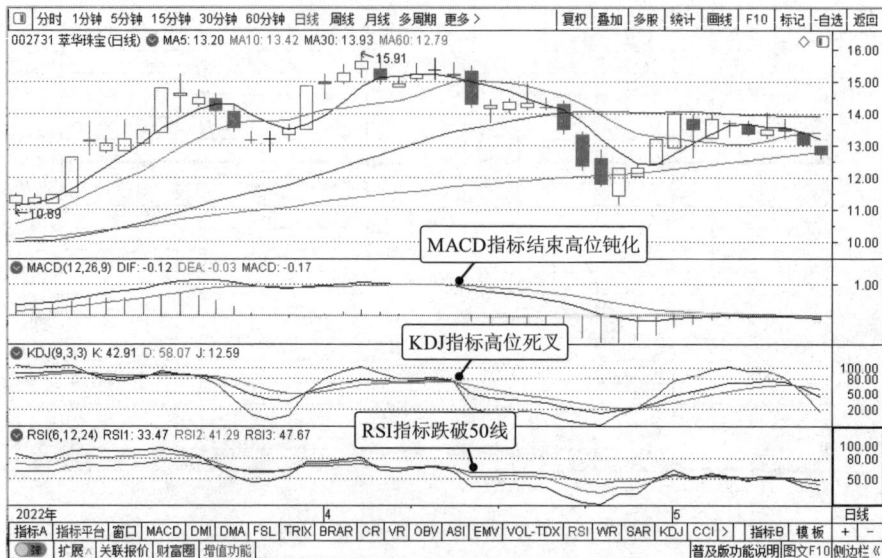

图6-7　萃华珠宝2022年3月到5月的K线图

6.1.3　上涨到后期的共振警示信号

上涨行情到了末期，市场中总会出现一些警示信号，指标之间也可能频繁共振。已经在前期积累了较多收益的投资者可以先行出局，持股时间尚短的投资者，也要把握好风险与收获之间的平衡，下面来看具体案例。

实例分析 指标共振定位拉升前、后期转折点

图6-8为萃华珠宝2022年4月到7月的K线图。

从图6-8中可以看到，萃华珠宝的股价在2022年5月到6月中旬逐步上涨到中长期均线上方，不过涨速比较慢，震荡也很频繁。这使得MACD指标在零轴下方形成金叉后迟迟无法深入多头市场之中，而是在6月上旬形成一段电缆走势。

6月中旬之后，K线突然收出长阳线突破前期压力线，并连续一字涨停，在构筑出地量涨停的同时，也将MACD指标拉出空中电缆和黑马飙升形态。

在布林指标中，K 线突破布林上轨线形成飞跃布林线，多指标共振发出积极看涨信号，吸引大量投资者跟进。

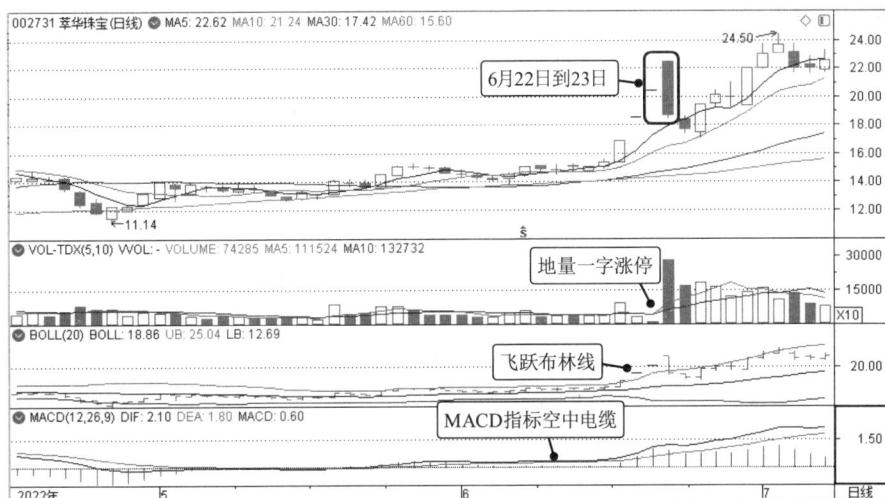

图 6-8　萃华珠宝 2022 年 4 月到 7 月的 K 线图

但就在一字涨停结束的次日，股价急速暴跌，成交量放单根巨量，异常情况明显，下面来看这几日的分时走势。

图 6-9 为萃华珠宝 2022 年 6 月 22 日到 23 日的分时图。

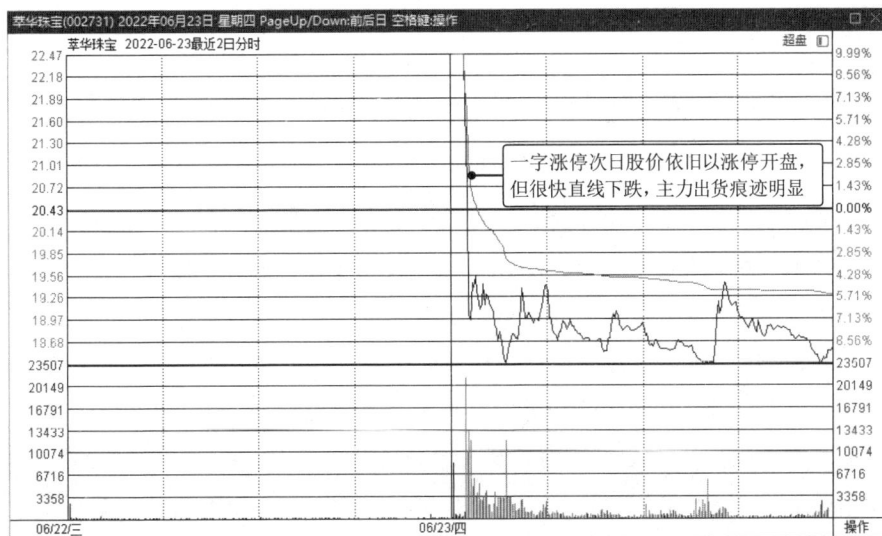

图 6-9　萃华珠宝 2022 年 6 月 22 日到 23 日的分时图

在 6 月 22 日一字涨停期间，成交量由于交易规则的限制而缩减。6 月23 日，该股依旧以涨停开盘，但在数分钟后就被一波巨大的量能砸开涨停板，直线下跌到接近跌停的位置，短期振幅接近 20%，非常惊人，同时也证明其中肯定有主力在参与。

至于主力的意图，出货或震仓都有可能，毕竟前期涨势已高。不过根据后续数日的表现来看，主力似乎还有继续拉升的意向，因此没有立即卖出的投资者还可以观望一段时间。下面来看后续的走势。

图 6-10 为萃华珠宝 2022 年 6 月到 9 月的 K 线图。

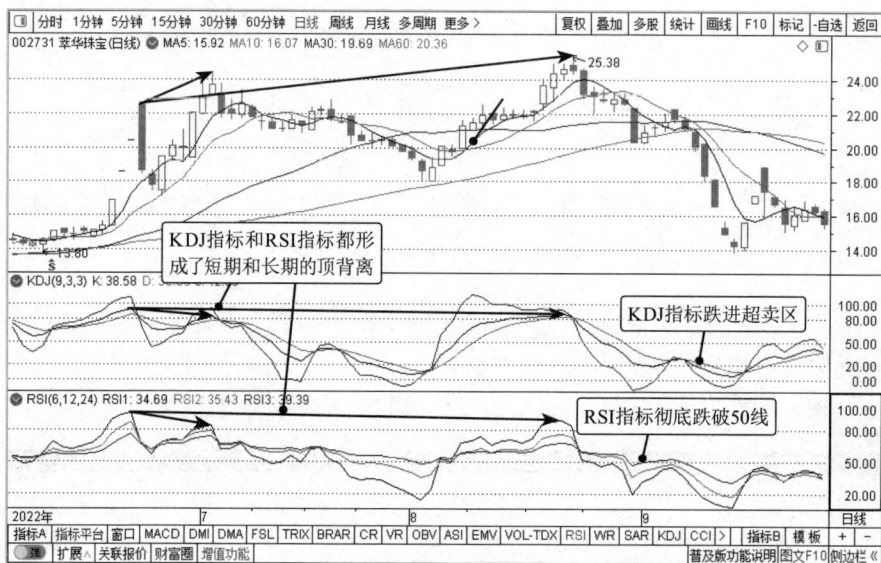

图 6-10　萃华珠宝 2022 年 6 月到 9 月的 K 线图

在下一波上涨中，该股来到了 24.00 元价位线附近，在此结束拉升进程开始回调。然而在回调之前，KDJ 指标和 RSI 指标都形成了短期的顶背离形态，所以投资者有机会在下跌之前就止盈卖出。

在回调的过程中，股价下跌持续时间较长，还在 7 月底跌破 30 日均线，危险性较高，许多风险承受能力较弱的投资者也撤离了。不过好在这确实是一次深度回调，股价踩在 60 日均线上重拾升势。

8 月初，股价再度拉升，并在 8 月下旬成功越过前期高点，但也只是小幅越过，股价就又一次转折下跌了。

在下跌的同时，KDJ 指标构筑出高位死叉，RSI 指标也明显下跌。而将时间周期拉长来看，投资者还可以发现这两大指标与股价形成的长期顶背离。虽然不算特别明显，但根据前期经验，这是股价即将大幅下跌的征兆，投资者可能又面临着卖出持股的局面。

下面再来看其他指标是否有更加确切的看跌表现，如图 6-11 所示。

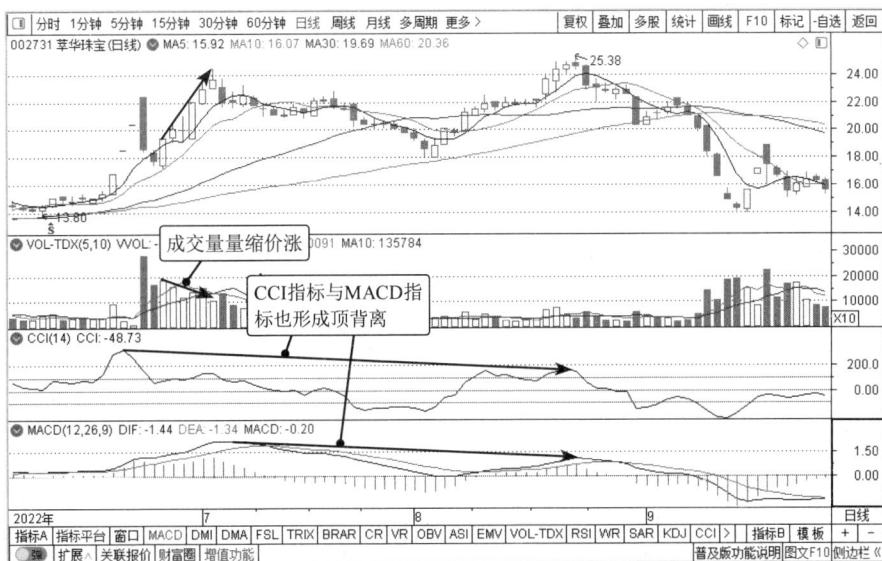

图 6-11　萃华珠宝 2022 年 6 月到 9 月的 K 线图

在 CCI 指标和 MACD 指标中，长期顶背离依旧存在，并且比 KDJ 指标和 RSI 指标清晰得多，进一步证实下跌的即将到来。

事实也确实如此，股价在此之后呈阶梯式下行，很快便彻底跌破两条中长期均线，跌速还越来越快。成交量在下跌期间有明显放量，大概率是主力及散户在大批卖出，上涨行情已经结束，此时还未离场的投资者必须抓紧时间。

6.2　下跌行情多指标共振解析

下跌行情中的指标共振形态也是非常丰富的，无论投资者是因为想要盈利还是因为高位被套而参与其中，都需要对这种弱势行情中的买卖操作熟悉起来，这样才能更好地达到降低风险和损失乃至盈利的目的。

本节选取的是新泉股份（603179）的一段熊市，深入解析其中包含的多指标共振形态和具体应用。

6.2.1 下跌转折前后的看跌共振

股价由上涨转为下跌之前，多指标可能会如同筑底阶段中的那样产生提前预警信号，投资者要注意分辨。而当价格彻底转入下跌行情之后，被套的投资者就要抓住场内的共振信号及时止损撤离了，下面来看具体案例。

实例分析 上涨后期，指标共振发出警示信号

图 6-12 为新泉股份 2023 年 6 月到 10 月的 K 线图。

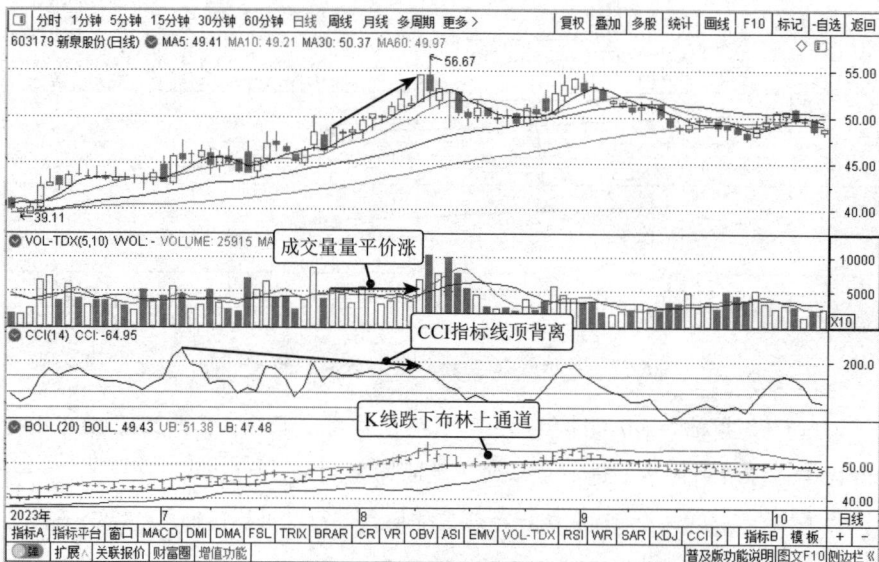

图 6-12　新泉股份 2023 年 6 月到 10 月的 K 线图

根据新泉股份这段走势中的中长期均线表现来看，该股在 2023 年 7 月底到 8 月初这段时间内的上涨速度有所加快，涨势也很稳定，K 线与中长期均线之间产生较大偏离，后期有修复的可能。

观察下方的指标可以看到，在这段积极上涨的过程中，成交量出现整体走平状态，与之形成量平价涨的背离。这是其中一个看跌形态，还有一个是CCI 指标线与股价的顶背离，同样是提前预警信号。那么，当投资者发现股

价突然收出一根带有长上影线的阴线后，就要警惕是否是反转到来的标志。

后面的走势也证实了这一点，下面来看其他指标在转折处的表现。

图 6-13 为新泉股份 2023 年 6 月到 10 月的 K 线图。

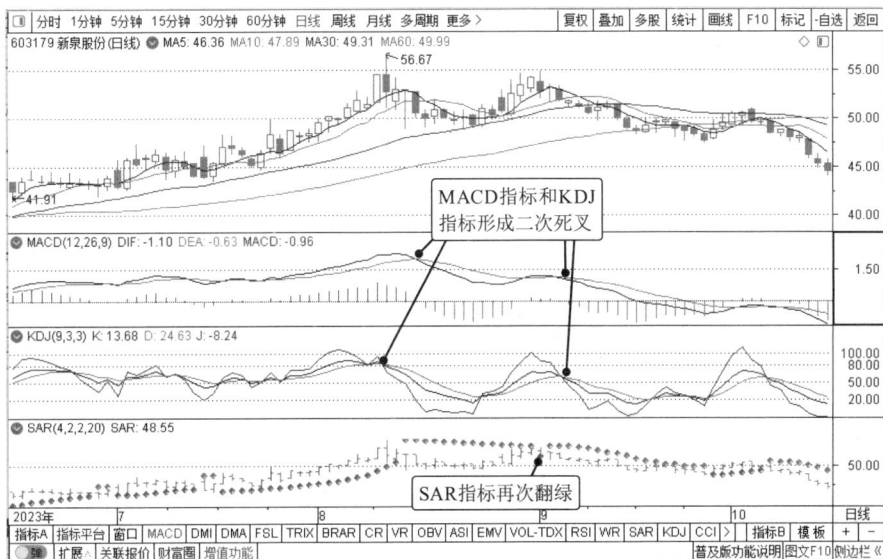

图 6-13　新泉股份 2023 年 6 月到 10 月的 K 线图

在股价收阴下跌之后，率先出现异常的是 KDJ 指标和 SAR 指标。KDJ 指标形成了一个高位死叉，SAR 指标则是在下跌的第三日翻绿。MACD 指标紧随其后，在数日后形成高位死叉后下行，进一步确认了当前的危险信号。

尽管该股在后续还有一波上涨，但高点明显没能越过前期。而且 KDJ 指标和 MACD 指标也先后形成了二次死叉，SAR 指标短暂翻红后回归绿点，预示着下跌的到来。

6.2.2　强势反弹注意轻仓介入

在下跌行情中，多数个股都会形成比较强势的反弹，这就是给被套投资者留下的最佳止损机会，也是许多机会投资者参与盈利的大好时机。不过要抓住这一时机绝非易事，投资者不仅要把握好买进时间，更要抓住卖点，否则可能继续被套，下面来看具体案例。

实例分析 反弹前后的指标共振形态

图 6-14 为新泉股份 2023 年 9 月到 11 月的 K 线图。

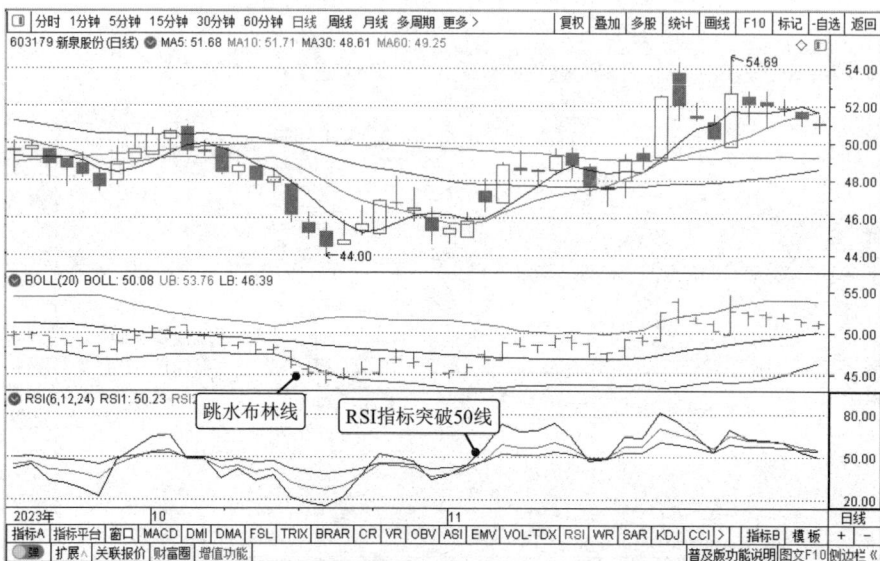

图 6-14　新泉股份 2023 年 9 月到 11 月的 K 线图

当时间来到 2023 年 10 月中旬时，股价已经下跌到了 44.00 元价位线附近，中长期均线长期保持压制。在布林指标中，K 线一直运行在布林下通道内，在下跌后期还形成了小幅的跳水跌破布林下轨线。这是股价可能转折的预兆，投资者要注意观察场内形势的变动。

在触底后，股价很快收阳向上形成反弹，第一波上涨没能越过 30 日均线，但低点也没有跌破前期低点，可见还是有一定潜力的。观察布林指标可以看到，K 线回到了布林通道内，并正在试图向上越过布林中轨线。在 RSI 指标中，指标线则已经在震荡中向上接近 50 线了。

下面再来看同一时期内其他指标的表现。

图 6-15 为新泉股份 2023 年 9 月到 11 月的 K 线图。

先是 KDJ 指标，在股价转折的次日，KDJ 指标就在 20 线上形成了低位金叉上行。MACD 指标则是小幅回升，但 DIF 并未立即突破 DEA。

由此可见，尽管众多技术指标及股价都已经释放出了即将上涨的信号，但基本都受制于某条压力线而未能产生强势的买进信号。因此投资者这时就不要冒进，而是等待突破时机。

图 6-15　新泉股份 2023 年 9 月到 11 月的 K 线图

11 月初，K 线成功突破 30 日均线的压制。与此同时，布林指标中轨线、RSI 指标的 50 线、KDJ 指标的 50 线和 MACD 指标中的 DEA 都相继被突破，多指标同时产生的共振形态释放出强烈的看涨信号，投资者完全可以趁机建仓，但要注意仓位管理。

继续来看后面的走势，股价此后持续震荡，很快也突破了 60 日均线，形成强势反弹。这时的各个指标都释放出积极信号，投资者可保持持有。

图 6-16 为新泉股份 2023 年 11 月到 2024 年 1 月的 K 线图。

图 6-16 展示的是新泉股份反弹到后期的走势。股价在突破 60 日均线后收出过两根实体极长的阳线，都创出了当时的新高。然而在第二根长阳线处，成交量相较于前日有剧烈的放量，并且当日盘中冲高回落，可能是主力出货造成的。

除此之外，CCI 指标线虽然在当日收阳的带动下突破 100 线，但高点相较于前期明显下移，顶背离形态预示出危险信号。从多方信息结合来看，该股可能即将回归下跌行情之中，投资者最好先行出局，以保住前期收益。

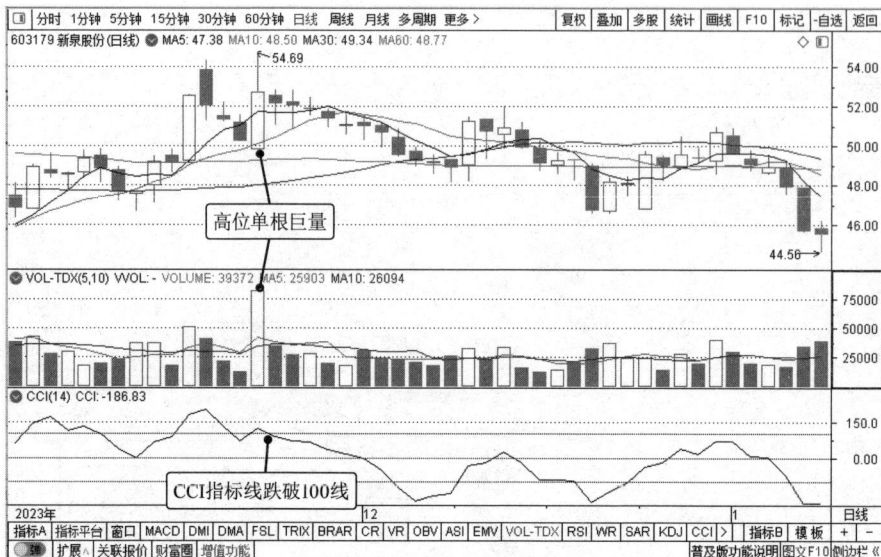

图 6-16　新泉股份 2023 年 11 月到 2024 年 1 月的 K 线图

　　至此，本书的所有内容将要结束，这里再次提醒所有投资者，书中所介绍的内容仅从理论的角度进行阐述，实战中价格的变动和指标的走势可能不会如投资者期望的那般运行，毕竟市场中的影响因素极多，投资者不可能全方面考虑到。

　　因此投资者在操盘时需要具体问题灵活分析，不可盲目按照理论死板买卖。最后，祝所有投资者都能够获得令人满意的收益。